シンポジウム
大地震、異常気象をどう乗り切るか
―しのぐ力育むメディア報道―

公益財団法人 新聞通信調査会 編

シンポジウム
大地震、異常気象をどう乗り切るか
―しのぐ力育むメディア報道―

河田惠昭・関西大学社会安全研究センター長による基調講演の模様＝2019年7月4日、東京・内幸町のプレスセンターホール

パネルディスカッションの模様。（左から）松本真由美、山村武彦、国崎信江、半井小絵、所澤新一郎の各氏

第1部 基調講演

想定外の天変地異とどう向き合うのか
―新たな災害文化を育むメディア報道―

河田惠昭 かわた・よしあき
関西大学社会安全研究センター長

1946年大阪府生まれ。京大大学院博士課程修了。阪神・淡路大震災記念人と防災未来センター長、京大防災研究所長などを経て、2012年から現職。専門は防災、危機管理。国連笹川防災賞、土木学会功績賞、神戸新聞平和賞などを受賞。著書に『これからの防災・減災がわかる本』(岩波ジュニア新書)、『スーパー都市災害から生き残る』(新潮社)、『にげましょう　災害でいのちをなくさないために』(共同通信社)、『津波災害(増補版)』(岩波新書)など多数。

第2部 パネルディスカッション

大地震、異常気象をどう乗り切るか
―しのぐ力育むメディア報道―

パネリスト

防災システム研究所所長

山村武彦
やまむら・たけひこ

東京都生まれ。1964年、新潟地震でのボランティア活動を機に、防災・危機管理のシンクタンク「防災システム研究所」を設立、所長に就任。これまでに世界中で発生した250カ所以上の災害現場を調査した。テレビ番組での解説や講演活動を通じて防災意識の啓発に取り組む。企業や自治体の防災アドバイザーを歴任。著書に『南三陸町屋上の円陣』(ぎょうせい)、『NHK まる得マガジン 家族を守る！現場に学ぶ防災術』(NHK出版)、『スマート防災 災害から命を守る準備と行動』(ぎょうせい)など。

パネリスト

危機管理教育研究所代表

国崎信江 くにざき・のぶえ

神奈川県生まれ。1997年、阪神大震災のような自然災害から子供を守る研究を始める。以来、国や地方自治体の防災関連委員会の委員を多く務める。生活者の視点で防災・防犯・事故防止対策を提唱し、講演活動を中心にテレビや新聞などに情報提供を続けている。主な著書に『巨大地震から子どもを守る50の方法 決定版』(ブロンズ新社)、『マンション・地震に備えた暮らし方』(エイ出版社)など。

気象予報士

半井小絵
なからい・さえ

兵庫県出身。早稲田大大学院アジア太平洋研究科修了。日本銀行在職中に気象予報士の資格を取得。2002年より2年間、NHK「関東甲信越地方の気象情報」を担当、04年より7年間「ニュース7」(月〜金)の気象キャスターを務めた。情報の伝え方、受け方の重要性などをテーマに気象や防災の講演を行っている。火山防災推進機構客員研究員、地球ウォッチャーズ気象友の会理事。日本災害情報学会企画委員も務める。

パネリスト

共同通信社気象・災害取材チーム長

所澤新一郎　しょざわ・しんいちろう

1989年共同通信社入社。長崎支局勤務時の91年、雲仙・普賢岳噴火に遭遇。函館支局在任中の94〜96年には、北海道南西沖地震被災の奥尻島、駒ヶ岳噴火を取材。その後東京社会部や仙台編集部デスクなどで東日本大震災や各地の災害・復興取材を手掛ける。日本災害復興学会理事兼広報委員長。日本火山学会広報委員、減災・復興支援機構理事、専修大学兼任講師なども務める。

コーディネーター

松本真由美

東京大学教養学部客員准教授

まつもと・まゆみ

熊本県出身。上智大学外国語学部卒業。大学在学中にテレビ朝日の報道番組のキャスターになったのをきっかけに、報道番組のキャスター、リポーター、ディレクターとして幅広く取材活動を行う。2008年より東京大学における研究、教育活動に携わる。東京大学での活動の一方、講演、シンポジウム、執筆など幅広く活動する。

パネルディスカッションの模様

受け付けの模様

司会を務めたフリーアナウンサーの戸丸彰子氏

シンポジウム

大地震、異常気象を
どう乗り切るか

――しのぐ力育むメディア報道――

公益財団法人 新聞通信調査会

シンポジウム
大地震、異常気象をどう乗り切るか
―しのぐ力育むメディア報道―

主催者あいさつ

公益財団法人 新聞通信調査会
理事長 西沢 豊

　皆さまこんにちは。公益財団法人 新聞通信調査会理事長の西沢でございます。令和に入って第1回目のシンポジウムは、「大地震、異常気象をどう乗り切るか―しのぐ力育むメディア報道―」と題して、防災とメディアに焦点を当てました。今日は足元の悪い中、大勢の皆さまにご来場いただきまして、誠にありがとうございます。

　さて、平成の30年を振り返りますと、地震をはじめ自然災害の多さが

強く記憶に残っております。「災害は忘れた頃にやってくる」とは寺田寅彦の言葉と言われておりますが、平成に限ってみれば、この格言は当てはまらなかったようです。令和に入ってもおそらく、忘れない頃にやってくると言われているのが、南海トラフ巨大地震です。そして、毎年のように全国各地で異常気象による豪雨で大きな被害が出ております。持続可能な社会に向けて、人口減少、地球温暖化対策など、多くの課題が言われておりますが、その中でも防災は優先順位の高い課題ではないかと思っております。

　本日は防災のスペシャリストである、関西大学社会安全研究センター長の河田惠昭先生に、「想定外の天変地異とどう向き合うのか─新たな災害文化を育むメディア報道─」と題して基調講演をいただきます。河田先生は『これからの防災・減災がわかる本』（岩波ジュニア新書）をはじめ、多数の防災関連の著作があり、防災庁の設置や文化としての防災を提唱しておられます。

　この基調講演を受けて、パネルディスカッションでは、豊富な現場経験がある防災システム研究所の山村武彦所長、生活者の視点から防災を提唱されておられる危機管理教育研究所の国崎信江代表、異常気象と防災に詳しい気象予報士の半井小絵さん、災害取材の豊富な経験がある共同通信社気象・災害取材チーム長の所澤新一郎さんをパネリストにお迎えしました。コーディネーターは東京大学教養学部客員准教授の松本真由美さんにお願いします。

　最後になりましたが、ご多忙の中、シンポジウムへの参加を快諾された河田先生はじめ、パネリストの皆さまに改めてお礼申し上げ、開会に当たっての主催者あいさつといたします。どうぞ最後までお聞きいただき、今後の防災に生かしていただければ幸いです。

目 次

シンポジウム

大地震、異常気象をどう乗り切るか
― しのぐ力育むメディア報道 ―

主催者あいさつ ･･ 3
公益財団法人 新聞通信調査会 理事長 　**西沢 豊**

シンポジウム開催概要 ･･･････････････････････････････････ 7

第 1 部　基調講演

想定外の天変地異とどう向き合うのか
―新たな災害文化を育むメディア報道―

河田惠昭　関西大学社会安全研究センター長

歴史性と地域性を反映した防災政策を ･･･････････････････ 13
「災害文化」をつくる ････････････････････････････････････ 15
防災の主流化 ･･ 16
問題が大きい災害対策基本法 ････････････････････････････ 17
被害は新しい場所で起こっている ････････････････････････ 19
タイムライン ･･ 21
防災の大事さが認められない時代 ････････････････････････ 25
「防災の主流化」をやらないと貧困になる ･･････････････････ 27
これからの防災とは ････････････････････････････････････ 32
衰退する災害文化 ･･････････････････････････････････････ 35
地球温暖化で高まる災害リスク ･･････････････････････････ 41
高齢者が「高齢のシマウマ」に ････････････････････････････ 43
縮災とは ･･ 43
なぜ文明を文化に転換できないか ････････････････････････ 47

第2部 パネルディスカッション

大地震、異常気象をどう乗り切るか
―しのぐ力育むメディア報道―

パネリスト

山村武彦 防災システム研究所所長

国崎信江 危機管理教育研究所代表

半井小絵 気象予報士

所澤新一郎 共同通信社気象・災害取材チーム長

コーディネーター

松本真由美 東京大学教養学部客員准教授

1. **プレゼンテーション** ·· 55
   何かが起こらないと報道しないメディア ······················ 58
   近助と防災隣組 ·· 59
   増加する災害弱者 ·· 61
   互近助ガード ··· 62
   社会環境、社会構造に見合う防災を ···························· 65
   知らないことで奪われる命がある ································· 67
   科学的知見反映した防災教育を ···································· 71
   大きな被害もたらした西日本豪雨 ································· 78
   ピンとこない名前が多い気象情報 ································· 81
   災害とメディアの役割 ·· 85
   報道は災害を減らすために何ができるか ···················· 07
   屋根瓦とブルーシート ·· 89
   報道への批判 ··· 92

2. 質疑応答･･ 96
　　闘う訓練も大事･･ 97
　　地震が起きた瞬間には何もできない･････････････････････ 98
　　地球温暖化と異常気象の因果関係は･････････････････････ 100
　　東京五輪の災害対策････････････････････････････････････ 101

3. 「しのぐ力」育むメディア報道 ･･････････････････････････ 104
　　新聞の役割は非常に重要････････････････････････････････ 104

（編集後記）
「災害文化」の育成を･････････････････････････････････････ 113
　　倉沢章夫　新聞通信調査会編集長

公益財団法人 新聞通信調査会概要 ･･････････････････････････ 115
新聞通信調査会が出版した書籍 ･･････････････････････････････ 118

（シンポジウム開催概要）

題名　大地震、異常気象をどう乗り切るか
　　　　―しのぐ力育むメディア報道―

主催　公益財団法人 新聞通信調査会

会場　プレスセンターホール（日本プレスセンタービル10階）
　　　東京都千代田区内幸町2-2-1

日時　2019年7月4日
　　　13:30～17:00（13時受付開始）

内容　第1部　基調講演　　　　　　13:35～14:45
　　　第2部　パネルディスカッション 15:00～17:00

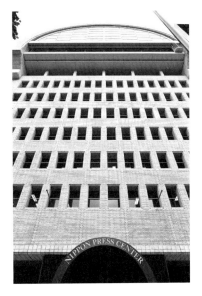

【表紙の写真】
（表紙）大雨の影響で浸水した佐賀県武雄市の市街地＝2019年8月28日（共同通信社ヘリから）
（裏表紙）地震による土砂崩れで倒壊した建物の周辺を捜索する自衛隊員ら＝2018年9月7日、北海道厚真町（共同通信社ヘリから）

第**1**部

基調講演

想定外の天変地異と
どう向き合うのか
―新たな災害文化を育むメディア報道―

河田惠昭
関西大学社会安全研究センター長

想定外の天変地異と
どう向き合うのか
―新たな災害文化を育むメディア報道―

河田惠昭
関西大学社会安全研究センター長

河田惠昭氏

　はじめまして、河田でございます。今日は70分という時間をいただいております。災害の問題についてお話をしたいと考えております。

　先日来、鹿児島、宮崎両県で大雨が降っています。昨年（2018年）7月には、ご承知のように西日本豪雨があり、250人を超える方が犠牲になりました。同じ時期に多くの雨が降って、大変心配しているところです。被害が全部出たということではなく、これから土砂災害が出てくるのではないかと考えています。こうした毎年のように災害が起こる時代を迎えて、これをどうするのかということは大変喫緊の課題なのですが、なかなかいい答えが見つからないという現実がある

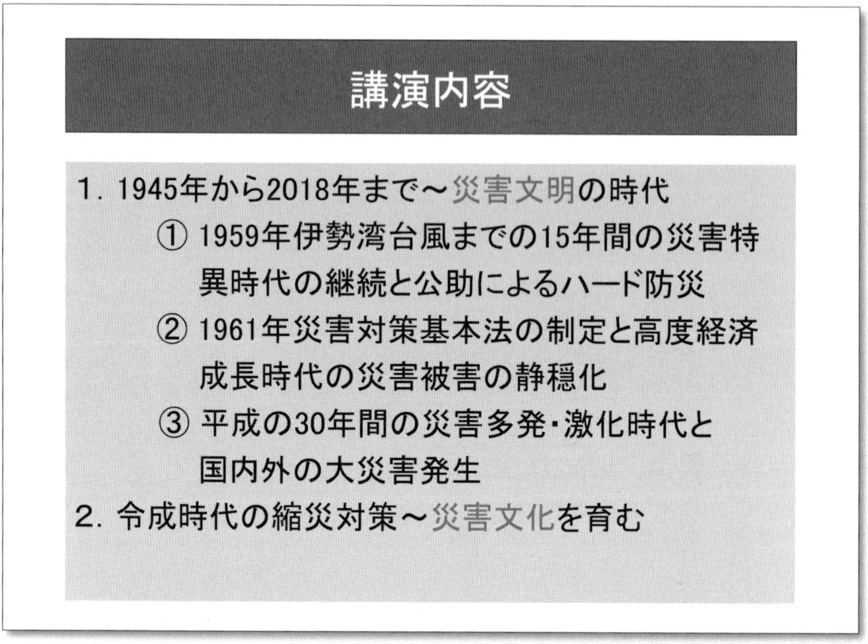

第1部　基調講演

講演内容

1. 1945年から2018年まで〜災害文明の時代
   ① 1959年伊勢湾台風までの15年間の災害特
     異時代の継続と公助によるハード防災
   ② 1961年災害対策基本法の制定と高度経済
     成長時代の災害被害の静穏化
   ③ 平成の30年間の災害多発・激化時代と
     国内外の大災害発生
2. 令成時代の縮災対策〜災害文化を育む

図1

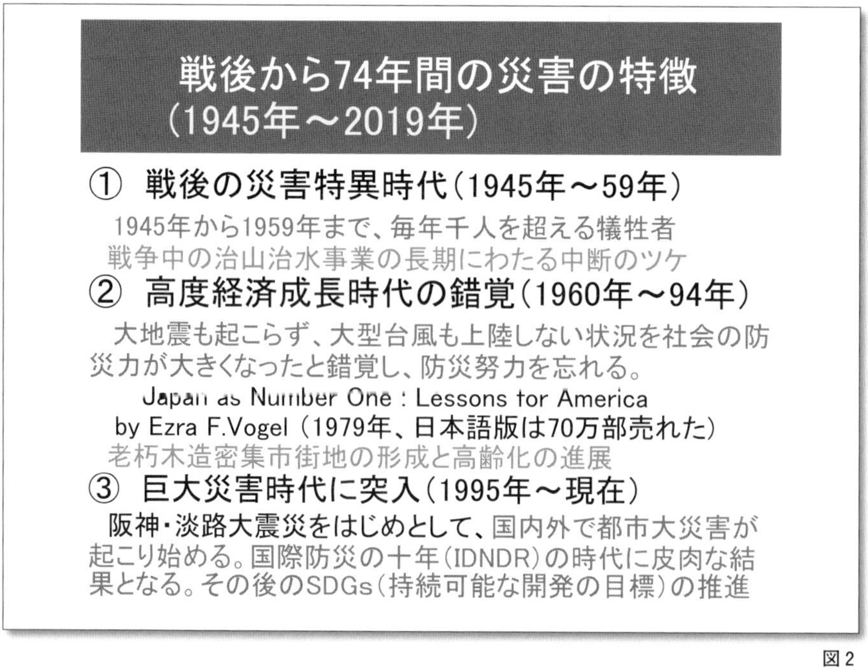

戦後から74年間の災害の特徴
（1945年〜2019年）

① 戦後の災害特異時代（1945年〜59年）

　1945年から1959年まで、毎年千人を超える犠牲者
戦争中の治山治水事業の長期にわたる中断のツケ

② 高度経済成長時代の錯覚（1960年〜94年）

　大地震も起こらず、大型台風も上陸しない状況を社会の防
災力が大きくなったと錯覚し、防災努力を忘れる。
　Japan as Number One : Lessons for America
by Ezra F.Vogel（1979年、日本語版は70万部売れた）
老朽木造密集市街地の形成と高齢化の進展

③ 巨大災害時代に突入（1995年〜現在）

　阪神・淡路大震災をはじめとして、国内外で都市大災害が
起こり始める。国際防災の十年（IDNDR）の時代に皮肉な結
果となる。その後のSDGs（持続可能な開発の目標）の推進

図2

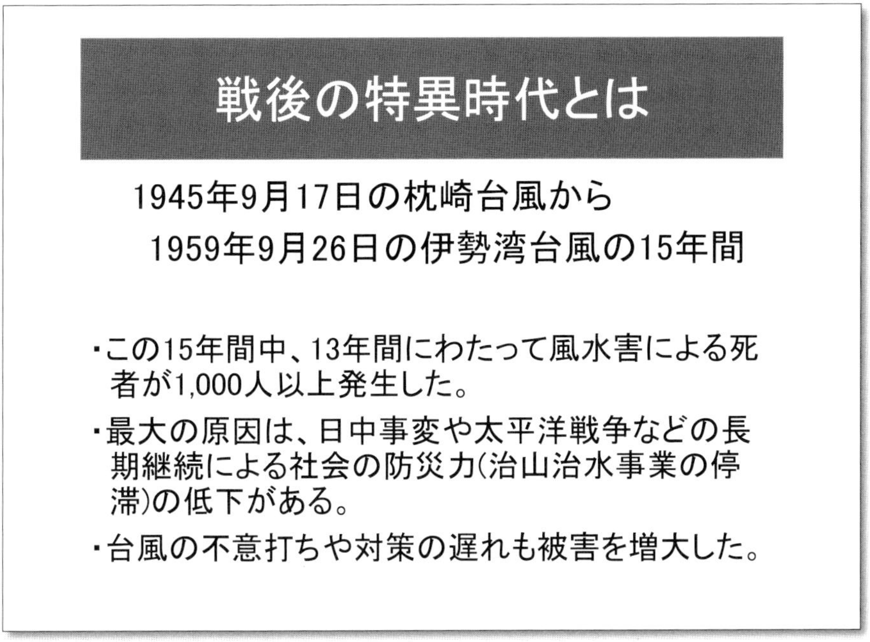

戦後の特異時代とは

1945年9月17日の枕崎台風から
1959年9月26日の伊勢湾台風の15年間

- この15年間中、13年間にわたって風水害による死者が1,000人以上発生した。
- 最大の原因は、日中事変や太平洋戦争などの長期継続による社会の防災力（治山治水事業の停滞）の低下がある。
- 台風の不意打ちや対策の遅れも被害を増大した。

図3

かと思います。こうしたことから、私ども災害の研究者は一体、何を考えているのかということを今日はお話しさせていただきたいと思います（図1）。

歴史性と地域性を反映した防災政策を

　災害には二つの大きな特徴があります。それは歴史性と地域性なのです。ということは、防災対策もやはり歴史性と地域性を色濃く反映していかなければいけない。今日の講演では、この二つの大きなテーマでお話をしたいと思います。

　1945年の第2次大戦終了後から昨年までを、私は「災害文明の時代」だと位置付けています。これは三つの年代に分かれます。一つは45年の枕崎台風から59年の伊勢湾台風までの15年間の災害特異時代（図2、3）で、毎年のように自然災害で千人を超える犠牲者が生まれた時代です。そして、この時期はダムや防波堤を造るという、政府あるいは自治体の公助が中心のハード防災、構造物による防災を中心に進めてきた時代です。そして、60年前の伊勢湾台風では5098人の犠牲者が出ました。これがきっかけで、61年に災害対策基本法ができたわけです。

13

第1部　基調講演

わが国は災害問題で国際社会をリード

- 1990年を初年度とする国連の「国際防災の10年、IDNDR」を提唱し、全会一致で採択された。
- ところが皮肉なことに、大災害が世界中で発生した。91年バングラデシュ・高潮、フィリッピン・ピナツボ噴火‥‥
- 途上国で大災害が起こると、それまでの経済開発努力が無に帰すことがわかった。
- したがって、持続的な開発をするにはまず、防災対策を先行しなければならない（防災の主流化）。
- その成果が、2000年MDGs、2005年兵庫行動枠組、2015年仙台防災枠組、同SDGsに反映された。

図4

忘れてはいけないこと！

1. 大河川の洪水が主たる災害であるが、土砂災害がその陰で隠れていただけで、決してなかったわけではない。
2. この15年間の被害の蓄積が、『災害対策基本法』の制定につながった。
3. 大河川の洪水処理能力は向上したが、都市化の進展が河川を危険側に変化させていることを忘れてはいけない。とくに、上中下流の治水力のアンバランスが目立っており、都道府県管理区間の治水放置と森林管理の不適切が被害を激化させている。

図5

14

その直後から、わが国は高度経済成長時代に入ってまいります。この時代には幸いなことに大きな被害は発生しませんでした。一番大きい被害というのは82年の長崎豪雨水害で、299人が亡くなりました。その後、95年の阪神・淡路大震災（阪神大震災）まで、それ以上の大きな災害は起きませんでした。いわゆる「外力」が非常に小さかった。大きな地震も起きない、大きな台風も上陸しない。こういう幸いな時代が、わが国の高度経済成長時代と重なったわけです。

そして平成の30年間というのは、「災害の多発・激化時代」と呼んでもいい。これはわが国だけではなく、世界的にもそういう時代だった。ですから、これからの令和時代の対策をどうするのかということは、こうした歴史的な変遷を踏まえて、そのあるべき姿を示さなくてはいけないことになります。

「災害文化」をつくる

「災害文明」というのはどんどん進んでいる。例えば緊急地震速報。あるいはハザードマップ。いわゆる科学技術に根拠を置いた対策というのは日々進んでいます。その一方で、昨年（2018年）の西日本豪雨のように大雨が降ることは分かっていたけれども、実際には犠牲者が減らないという問題。860万人に避難指示・勧告が出たわけですが、実際に避難をされた方は4万人です。0.47%しか避難していない。千人中5人しか避難しないという時代が来ているわけです。

こうしたことを受けて、この（19年）3月から、災害への警戒レベルを1から5まで数値化することによって、住民が取るべき行動をもっと分かりやすくしようという取り組みがなされました。そして、6月7日に広島県などではレベル4が発令されたわけですが、この時、広島県では22万人に避難勧告・指示が出て避難したのはわずか千人でした。すなわち、また0.41%しか避難していない。こういうことをやっていたのでは、被害を少なくすることはできない。私たちが考えている災害文明的な対策だけでは、被害を少なくすることは非常に難しいことを認めなければいけない。

ではどうするかということになりますが、皆さま方に「災害文化」をつくることが非常に大事だということをお願いしたい。そして、その災害文化は私たち災害の研究者が広めるものではなく、メディアの方に広めていただかないと、国民

年	死者・行方不明者　人
1945	6,062
1946	1,504
1947	1,950
1948	4,897
1949	975
1950	1,210
1951	1,291
1952	449
1953	3,212
1954	2,926
1955	727
1956	765
1957	1,515
1958	2,120
1959	5,868
合　計	35,471（年平均 2,365人）

戦後の災害の特異時代の人的被害（1945年から1959年）

図6

に広く伝わらないという問題が残ることになる。先ほど主催者の方のあいさつにもありましたように、この広い意味での防災の重要性、災害文化を皆さまで育てていくということが非常に大事ではないかと考えているわけです。

防災の主流化

　今、申し上げたことは、この図2に書かれておりますが、この戦後15年間の災害特異時代というのは、何も毎年大きな台風が来たわけではありません。この最大の原因は、長期にわたる戦争の遂行で治山治水、国土保全が遅れていたことのつけが、この15年間の大きな被害が連続する時代を招来することになったわけです。すなわち、防災というのは付け焼き刃ではなく、長年の継続する対策が効果を発揮するということを、この戦後の災害特異時代の事実が教えてくれているのです。

　その後の高度経済成長時代には錯覚があった。すなわち、大きな災害が起こらなかったので、わが国は防災力が付いたという誤解がありました。この誤解がど

ういう形で顕在化するかと言うと、1990年から国連で「国際防災の10年（IDN-DR）」というのが始まるわけです。この提案国は日本なのです。そしてこの提案は全会一致で採択された。わが国が初めて提案し、全会一致で採択された方針がIDNDRで、発展途上国の災害被害を少なくするためにはどうすればいいか、これにわが国が大きく貢献できると考えてスタートしました（**図4**）。

ところが95年に阪神大震災が発生した。この時、日本で伊勢湾台風以降大きな災害が起こっていないのは、わが国の防災力が強くなったのではなく、たまたま大きな地震が起こっていない、大きな台風が上陸していない。こういうことが結果として被害を少なくしているのだということに気が付いた。

後ほどもう少し詳しくお話ししますが、国内外で大きな災害が起こり始めて「持続可能な開発目標（SDGs）」という考え方が出てきたのです。「Sustainable Development」。このSDGsには17の目標、169のターゲットがあります。その第1の目標は「貧困をなくそう」ということです。なぜかと言いますと、90年代に国内外で大きな災害が起きました。災害が起きると、それまでの開発の努力が無に帰するということが分かったわけです。「Sustainability」、つまり持続性が災害が起こることによって元に戻ってしまう。豊かになるためには災害をなくさなければいけない。そこで「防災の主流化」ということが大きな目標になりました。防災を進めれば結果的に貧困をなくすことにつながるのだと。ですから、国際的な合意によって、この第1のターゲットは貧困をなくそうということになっています。

問題が大きい災害対策基本法

そういった歴史の流れの中で、将来どうあるべきなのかということを考えなければならない。いきなり思い付いたことを進めても、歴史的な所産でないものは、なかなか継続しないのです。ここ（**図2**）に書いてありますように、戦後の特異時代から始まる現在の防災対策を一体これからどう展開するべきかは、これまでの災害による被害、あるいは対策がどうであったかを考えることによって進めることができるのです。

忘れてはならないのは、戦後の15年間というのは大きな被害が続いたわけです

1945年9月17日枕崎台風

- 死者・行方不明：3,756人（広島県：2,012名、山口県：701名）
- 負傷者：2,452人
- 建物全半壊・流失：88,037戸
- 特徴1：超大型台風、暴風半径600km、上陸時気圧
　　　　　916.6hPa、最大瞬間風速（広島）45.3m/s
- 特徴2：広島地方気象台が原爆で壊滅、不意打ちの襲来
- 特徴3：①長期間の戦争による国土荒廃
　　　　②気象観測通報組織の未回復
　　　　③台風の襲来が深夜

図7-1

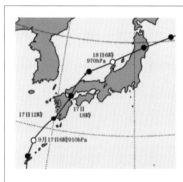

図7-2

が、それは洪水だけではない（**図5**）。大河川が広範囲に氾濫したということもありますが、実際には毎年決まったように土砂災害が発生していました。この土砂災害は大きな洪水氾濫災害の陰に隠れてしまった。これは現在もそうなのです。大きな地震が起きると水害や土砂災害のことを忘れてしまう。あるいは昨年（2018年）、今年のように大きな水害が起こる、あるいは起ころうとしていると地震のことを忘れてしまう。こういうことが繰り返されている。そうした15年間の被害の累積が、災害対策基本法の制定につながったのです。

　しかし、この法律には非常に大きな問題があります。これは「被害を二度と繰り返さない」という法律なのです。言い換えると、被害が発生しない限り対策はやらないという法律なのです。昨年、岡山県倉敷市の真備地区で大きな水害がありました。高梁川と小田川という、この本川と支川の合流地点で水位が急上昇する「バックウオーター現象」という形で大きな氾濫を起こした。こうした現象は40年以上前、台風5号の豪雨によって高知県の仁淀川という川とその支流で大きな被害をもたらしたことがあります。77人がバックウオーター現象で亡くなっています。被害があった仁淀川はその結果、改修されたわけですが、高梁川と小田川の場合、そういったことが起こっていなかったので、危ないと分かっていても対策が取られなかった。この災害対策基本法というのは、被害が起きれば二度と被害を繰り返さないように措置する、つまり被害が発生しない限り対策をやらないということで、現在まで推移してきた経緯があるわけです。

被害は新しい場所で起こっている

　この災害多発時代にさまざまな被害が起こっているわけですが、新しいタイプの被害ではなく、どれもかつて起こったことがある被害ばかりで、今まで被害がなかった新しい場所で起こっているということに非常に大きな問題があると気付かなければいけない。

　これ（**図6**）は戦後15年間の累積の死者数で、（死者・行方不明者が）千人を超える大きな災害が毎年のように繰り返し起きた時代がありました。これ（**図7-1、2**）は枕崎台風で、広島県を襲いました。鹿児島県の枕崎市に上陸して九州を通過、その夜遅く広島県を縦断した。この時に全国でおよそ3千人、そのうち

1959年9月26日伊勢湾台風

- 死者:5,098人、負傷者:38,921人
- 建物全壊・流失:40,838戸、建物半壊:113,052戸
- 床上浸水:157,858戸、床下浸水:205,758戸
- 船舶被害:2,431隻
- 特徴1:上陸時気圧930hPa、名古屋港で潮位偏差3.55m（T.P.+3.89m）····現在までの日本記録
- 特徴2:高潮はん濫の脅威が認識される。
- 特徴3:災害対策基本法の制定につながる。

図8-1

図8-2

2千人が広島県で亡くなりました。その2千人のうち600人が呉市内の土砂災害で亡くなっている。2018年も呉市で大きな土砂災害があったわけですが、呉市のホームページを開くと、そういうことは一切書かれていない。私たちが過去の災害を考えるとき、せいぜい20〜30年前のことしか考えないのです。けれども、70年前の枕崎台風による土砂災害で、呉市だけで600人亡くなっていることを住民が全く知らないという時代が現在なのです。

（図7-2）右上の写真は枕崎台風と高潮で大きな被害を受けた広島県の厳島神社です。右下では、厳島の対岸の大野のはげ山になっている所で土砂災害が起こっている。この時の大きな被害は、2.8キロも流れた土石流によるものです。この土石流で山陽本線、国道2号線も埋没しました。今その場所には、新興住宅地が海岸に沿って連綿として存在しているわけですが、そこに住んでいる人たちは昔、そんなことが起こったなんて全く知らない。こういう都市が、わが国には幾つか形成されている。ここにいろいろ書いておきましたが、広島地方気象台が原爆で壊滅した。それが不意打ちの台風襲来によって、大きな被害につながったということになるのです。

そして伊勢湾台風（図8-1、2）。ちょうど60年前の出来事です。5098人という、台風としては戦後最大の犠牲者が出た。実は高潮が来ることは分かっていましたが、住民は高潮による氾濫は川の氾濫と同じだということで、避難が遅れました。高潮の氾濫は洪水による氾濫とは違うのです。台風が近づくにつれて水面は高くなります。川の洪水というのは、堤防が決壊すると川の水面は下がるのです。ところが海の水は無尽蔵にありますから、堤防が10キロ、20キロにわたって決壊しても海水面が下がらないわけです。加えて、その時強い風が吹いている、雨が降っているとなると、避難するにもできない。伊勢湾台風で亡くなった方は、ほとんど家にいる状態で家ごと流されて亡くなったという例が報告されているのです。

タイムライン

高潮災害というのは大変心配されています。地球温暖化で、特にアメリカ合衆国は高潮災害を連続して経験している。最初は、2005年のハリケーン「カトリー

ナ」で1800人亡くなりました。米国で千人以上もハリケーンで亡くなるのは80年ぶりのことでした。12年にはハリケーン「サンディ」が襲ってきて、ニューヨークのマンハッタンが4メートルの高潮に襲われました。この災害で8兆円の被害が出ましたが、死者は132人にとどまりました。これは、その2年前から導入した「タイムライン」のおかげだと言われています。

タイムラインというのは、情報がなくても今、一体何をやっているかが連邦政府から州政府、あるいは地方自治体まで全て分かっているという仕組みです。ハリケーンが上陸する時間をゼロアワーとしたとき、何時間前、何時間後に何をするかということをあらかじめ決めておいて、それを関係者が全部承知しているということなのです。

米国では大きなハリケーンが来ますと、上陸する32時間前に避難命令を出します。避難命令が出ると、それに従わなければ警察に逮捕されますから、みんな車で町の外に逃げる。わが国のように公立の小中学校が避難所にはなっていません。公的な避難所はないわけです。住民は知り合い、あるいは親戚、友達など身近な人を頼って町の外に出るしかない。唯一、公的な場所に避難できるのは車がなくて避難できない人。こうした人をバスで町の中心部に集めて、テキサス州ヒューストンのアストロドームのような大きな所に避難所を設けて収容するということをやっている。徹頭徹尾、自己責任の原則で避難というものが進められている。従わなければ警察に逮捕されることがありますから、百万人単位で避難することが起こる。それには2、3時間前に避難命令を出していては間に合いませんので、32時間前に命令を出すということになっているわけです。

実は伊勢湾台風では「避難命令」という言葉が使われていました。この避難命令は、出すのが早ければ早いほど住民が助かっているということが分かっているのです。ですが、1961年に災害対策基本法をつくる時に、現行の日本国憲法との関係を検討すると「基本的人権を阻害する」ということになって命令を出せず、避難命令という言葉は使ってはいけないことになりました。今はご承知のように「避難指示」とか「避難勧告」という言葉になっているわけです。伊勢湾台風の時は、避難命令という言葉が警察・消防では使われていた。こういったものが非常に功を奏して犠牲者がほとんど出なかった所と、たくさん出た所の差が際立っていた。避難命令がいつ出されたかによって差が出ているわけです。これから災

害文化をつくっていただくとき、過去の成功事例を参考にして構築していくことを考えなければならない。

これ（図8-2）は伊勢湾台風の時の浸水の図です。この浸水は2カ月以上続きました。なぜかと言いますと、この濃尾平野のゼロメートル地帯はいったん水が入ると引かない。皆さんご存じだと思いますが、わが国には三大ゼロメートル地帯というのがあります。東京、名古屋、大阪です。

東京にも今、平均満潮面より下に住んでいる方がおよそ180万人います。こういった人たちは高潮や洪水が発生すると浸水が起こり、しかも数週間水に漬かる状態が続くとは全く想像しておられない。水害があると水に漬かるということは想像できても、水が引かないという問題はなかなか想像ができない。

名古屋と大阪は高潮で浸水した経験があり、浸水処理能力は非常に高い。大阪ですと、南海トラフの巨大地震による津波あるいは高潮で漬かったとしても丸2日、下水処理能力が発揮されれば冠水しないのです。ところが東京では、いったん水が入ると、江東区辺りだと2週間以上水に漬かることがシミュレーションで分かっている。災害を経験したことがない所では対策が遅れ、あるいはやっていないということが、これから起こるであろう被害を非常に大きくするということを知っておいていただきたい。

（図9の）「公助中心のハード防災」は何かと言いますと、治水ダムが造られた累積の基数と犠牲者の数です。10年平均にしてありますけれど、この治水ダムの増加によって洪水や氾濫が少なくなり、犠牲者が少なくなっていることが分かっていただけると思います。ということは、戦後15年間続いた災害特異時代には、大きな川の氾濫でたくさんの人が亡くなっているので、ハード防災が大いに役に立ったということになります。

47年、東京ではカスリーン台風の災害がありました。これにより全体で2千人亡くなりました。この時に八ツ場ダム（群馬県）が計画されたわけです。なぜそんなダムが計画されたかと言いますと、大阪を流れる淀川には上流に琵琶湖があります。琵琶湖は一つの湖として275億立方メートルの貯水量があります。利根川は日本で一番大きな流域を持つ川ですが、残念ながら上流に大きなダムや湖がないので、たくさん造って湖の代わりにしようと10を超えるダムが計画されました。環境の時代にあって、まだダムが要るのかという議論が出てきたわけです

第1部 基調講演

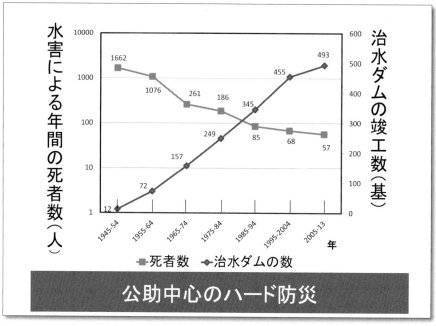

図9

災害の特異時代後の変化

- 毎年、大規模な風水害に見舞われ、それへの対応は臨時国会を開催して決定してきた。
- 被害に対する評価基準がなかったので、復旧事業において政治家の駆け引きや各省庁の縄張り争いなどが起こった。
- 日本国憲法の定める主権在民と避難命令の発令などの関係があいまいなままに置かれていた。
- 地方分権の流れの中で、災害対応を国と地方自治体との関係において位置づける必要があった。
- 激甚災害の場合、別途、基金を作る案は大蔵省の反対でできなかった。
- 各省庁の法律が優先され（既得権益）、一般法の性格をもつ。

図10

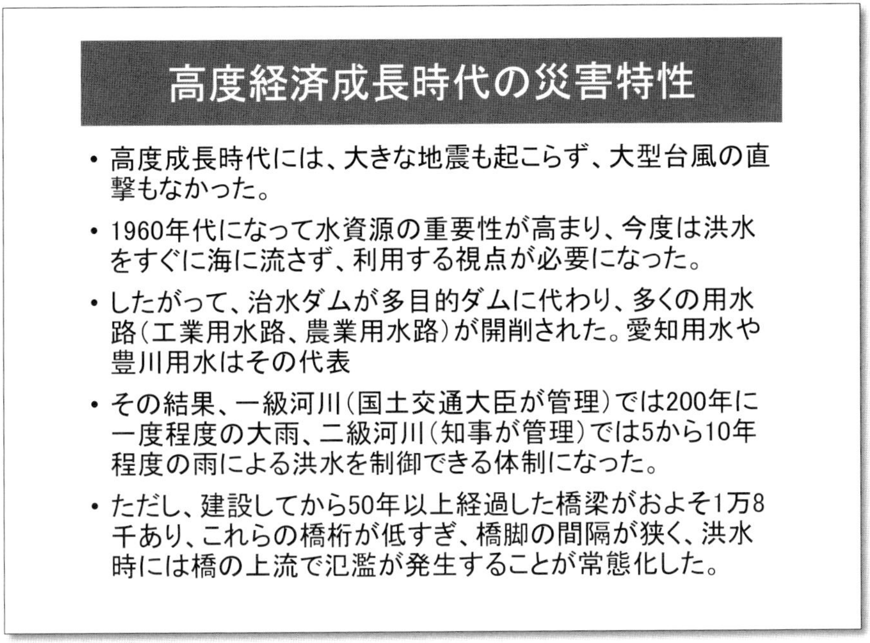

高度経済成長時代の災害特性

- 高度成長時代には、大きな地震も起こらず、大型台風の直撃もなかった。
- 1960年代になって水資源の重要性が高まり、今度は洪水をすぐに海に流さず、利用する視点が必要になった。
- したがって、治水ダムが多目的ダムに代わり、多くの用水路（工業用水路、農業用水路）が開削された。愛知用水や豊川用水はその代表
- その結果、一級河川（国土交通大臣が管理）では200年に一度程度の大雨、二級河川（知事が管理）では5から10年程度の雨による洪水を制御できる体制になった。
- ただし、建設してから50年以上経過した橋梁がおよそ1万8千あり、これらの橋桁が低すぎ、橋脚の間隔が狭く、洪水時には橋の上流で氾濫が発生することが常態化した。

図11

が、利根川あるいは荒川の上流には大きなダムがありませんから、集中豪雨があれば非常に危ないということは今も続いている。ですから、いったん中止された工事が再開されて来年（2020年）完成するわけです。ハード防災というものが水害による犠牲者を減らしてきたということは間違いない。ただ、これがそのままでいいのかと言うと、環境、生態系などいろいろ問題があります。従って、ダム一辺倒では治水はできないということで、多様な方策が考えられてきた歴史があります。

防災の大事さが認められない時代

この災害特異時代の後、一体日本はどうなっていったのかをまとめてみました（図10）。要するに、法律によってきちっと対応できるようにしようとしたわけです。幸いにも大きな災害が起こらなかったということもあり、わが国は防災力が付いたという誤解が高度経済成長の時代にありました。この時代には大きな地震も起こらず、大型台風の直撃もなかったのです。

25

第1部　基調講演

平成時代の災害の特徴

1945〜1959年	災害の特異時代	毎年千人を超える災害の犠牲者		社会の防災力の低下時代の継続	
1960〜1994年	災害の平穏時代	1982年長崎豪雨災害で299人死亡		34年間で犠牲者100人以上は5災害	
	年　月	発生した主な自然災害		年　月	発生した主な自然災害
1	1991(平成3)年6月	雲仙普賢岳噴火	14	2007年3月	能登半島地震
2	1993年1月	釧路沖地震	15	2007年7月	新潟県中越沖地震
3	1993年7月	北海道南西沖地震	16	2011年3月	東日本大震災
4	1995年1月	阪神・淡路大震災	17	2011年9月	紀伊半島豪雨
5	1996年2月	豊浜トンネル岩盤崩落事故	18	2013年10月	伊豆大島土砂災害
6	1999年6月	広島市などの土砂災害	19	2014年8月	広島市の土砂災害
7	2000年3月	有珠山噴火	20	2014年9月	御嶽山噴火
8	2000年6月	三宅島噴火	21	2016年4月	熊本地震
9	2000年9月	東海豪雨	22	2017年7月	九州北部豪雨
10	2003年9月	十勝沖地震	23	2018年6月	大阪府北部地震
11	2004年7月	新潟・福島豪雨	24	2018年7月	平成30年7月豪雨
12	2004年10月	平成16年台風23号	25	2018年9月	平成30年台風21号
13	2004年10月	新潟県中越地震	26	2018年9月	北海道胆振東部地震

図12

　そして川です（**図11**）。1960年代には「水資源」という考え方が広く認められるようになりました。それまでは、降った雨はできるだけ早く海に流さなければいけないという形で処理してきたわけですが、水を資源としてきちんと使わなければいけないということになった。洪水を防ぐためだけではなく、多目的ダムとして発電や上下水道、農業用水、工業用水などさまざまな形で水を使う。すぐに海に流してしまうのではなく、ダムに水をためることが重要になってきた。

　川の重要性というのは、災害の問題だけではなく私たちが水をどう使うのかということがこの国の成長の鍵を握っている時代になったわけです。端的に申し上げたいのは、防災が第1等の大事だということが認められなくなってきたということです。環境の問題、生態系の問題、いろいろな問題とバランス良く進めなければいけない。そういう時代です。

　わが国には造ってから50年以上たっている橋がおよそ1万8千橋あります。最近、大雨が降って川が増水すると、古い橋の上流側であふれるということが全国的に出ています。なぜかと言いますと、古い橋というのは橋脚と橋脚の間が狭いものですから、上流から流れてきた流木などがそこに引っかかって橋がダムの

26

「ビーバーの巣」のようになるわけです。こうした古い橋の上流が洪水・氾濫で決壊することが全国的に起き、橋そのものが流されてしまう。橋が流れてしまうと鉄道も道路も寸断されて、その役目を発揮することができない。一番困っているのは列車で通学している中学生や高校生で、彼らが全く学校に行けないということが全国的に起こっている。仕方がないから、お父さんが車で送るとか、バスに乗り換えるとかをしているわけですが、1カ月とか2カ月で回復するわけではなく、年単位でかかります。今から2年前に九州北部豪雨がありました。これによってJR九州の各線で古い鉄橋が流され、通勤、通学が非常に難しくなるということが随所に出てきている。要するに被害の長期化が起こっている。

この表（図12）は、平成の30年間でどれくらいの災害が起こったのかを並べています。顕著な災害が26回起こっています。今から24年前の阪神大震災と8年前の東日本大震災が200人以上亡くなった事例です。1993年の北海道南西沖地震と2016年の熊本地震、昨年の西日本豪雨もそうです。ほかは、一つの災害で犠牲者が100人を超えていません。わが国は中小災害に対しては、被害が大きくなることを防ぐ力を持ってきた。社会の防災力が付いてきた。それでも死者が千人を超える災害が起こっていて、まだまだ巨大な災害が起こる危険性が持続していることが、この表から分かるわけです。

「防災の主流化」をやらないと貧困になる

先ほども申し上げましたように、高度経済成長の時代、たまたま大きな地震も起こらず、大きな台風も上陸しなかったので、わが国は防災力があるかのような錯覚をした。それが本当に錯覚だと分かったのが、1990年代から始まる国内外の大災害の頻発です。「国際防災の10年」が始まった途端にバングラデシュで大きな高潮災害が起き、14万3千人が亡くなりました。同時にフィリピンでピナトゥボ火山の噴火がありました。噴出物がなんと10億立方キロという、20世紀最大の噴火が同時に起こったわけです。こういったことがこの10年間で続いた。

2000年9月の国連総会で「MDGs」というミレニアム開発目標が認められました。この時は途上国問題が前面に出てきたわけです。このミレニアムが始まってもインド洋の大津波や中国の四川大震災、ハイチの地震と大きな災害が途上国だ

第1部　基調講演

持続可能な開発のための2030アジェンダ

●MDGsとSDGsの比較

MDGs
ミレニアム開発目標
Millennium Development Goals
2001～2015年

- 8ゴール・21ターゲット
  （シンプルで明快）
- 途上国の目標
- 国連の専門家主導で策定

●国際防災戦略（ISDR）神戸事務所発足
●2005年第2回国連防災世界会議（神戸）
兵庫行動枠組（HFA）：Build Back Better,
Resilient City（2001年同時多発テロ）

SDGs
持続可能な開発目標
Sustainable Development Goals
2016～2030年

- 17ゴール・169ターゲット
  （包括的で、互いに関連）
- 全ての国の目標
  （ユニバーサリティ）
- 国連全加盟国で交渉
- 実施手段も重視
  （資金・技術等）

●2015年第3回国連防災世界会議（仙台）仙台防災枠組（SDR）

図13

SUSTAINABLE DEVELOPMENT GOALS
世界を変えるための17の目標

Public Private ACTION for Partnership!!
～SDGsで日本を元気に，世界を元気に
その主役はあなたです！～

図14

けではなく、先進国でも起こるようになった。わが国では阪神大震災だけでな
く、11年に東日本大震災が起きました。

　防災の主流化というのは、途上国だけではなく先進国でも非常に大事だという
ことになった。事実、東日本大震災の後、政府に設けられた防災対策実行会議で
は、その報告書の第1章に「防災の主流化」ということが書かれています。そう
いう意味で、東京の過度の一極集中というのは非常に危ないと分かるわけです。
わが国に「先進国の問題だ」という意識がほとんどないことを私どもは大変心配
している。15年にSDGsにつながったわけですが（図13）、17ゴールの最初が「貧
困をなくそう」。すなわち、この「防災の主流化」をやらないと貧困になるとい
うことなのです。

　わが国は、途上国のように人口増加が災害の多発につながっているわけではな
く、逆に人口減少が問題になっている。人口減少で何が困るかと言いますと、結
果的に貧困になる。「地方創生」と非常に名前はいいわけですが、人口減少とい
うのは、放っておけばそこが貧しくなる。人口増加と人口減少は全く正反対の現
象なのですが、どちらも災害が起こると貧しくなる。現実に東日本大震災の被災
地が、被災前の状態に戻るという保証はありません。貧困になる。これが非常に
大きな問題なのです。ですから、このSDGsで掲げている問題というのは、本当
はわが国でも非常に深刻な問題なのだということを理解しなければいけない。

　このMDGs、SDGsというのは、防災あるいは環境という本当に困った問題を
どうやって解決しなければいけないのかというところから出てきた考え方です
が、これがわが国ではなかなか理解されていない。わが国では国土の強靱化と
「レジリエンス（回復力）」、SDGsがばらばらで進められているという現状があ
ります。防災をどうするかということが隠れてしまっているわけです。

　レジリエンスという概念は、01年9月11日の米中枢同時テロで起きたニューヨ
ークの世界貿易センタービルの崩壊から出てきた考え方です。一言で言うのは大
変難しい言葉ですが、持続性とか打たれ強いとか、いろいろな意味があります。
多様化した価値観の中で持続的に発展、開発することの必要性はレジリエンスで
なくてはならない、ということで出てきた概念です。それがわが国ではばらばら
に進められている。しかも、防災の主流化こそが一番大事なのだということが置
き去りにされている。これからの防災を進める上で、そこが大変重要になるので

29

第1部　基調講演

阪神・淡路大震災の経験・教訓の活用状況例（1）

1. 防災体制の抜本的整備

　　○防災体制の再構築‥‥1995年防災基本計画の改定

　　○防災体制・法制度の充実‥‥1998年被災者生活再建支援法

2. 震災の教訓を踏まえた防災対策の強化

　　○防災拠点の整備‥‥2000年災害対策センターの開設

　　○自助・共助による社会の防災力の向上

　　　　　　　　‥‥2005年フェニックス共済の創設

3. 大規模事故や風水害等の発生と対応

　　○頻発する大規模事故や水害‥‥1997年ナホトカ号重油流出事故

　　○連続する台風災害と風水害対策‥‥2004年台風16号など

図15

阪神・淡路大震災の経験・教訓の活用状況例（2）

4. 震災の教訓の国内外への発信

　　○震災の実践的研究の推進‥‥2002年人と防災未来センター開設

　　○国際防災協力の推進‥‥2005年第2回国連防災世界会議の開催

5. 災害支援の展開

　　○国内‥‥2004年新潟県中越地震支援・みなし仮設住宅制度創設

　　○海外‥‥1000年台湾・集集地震支援

6. 地域災害と広域災害の発生

　　○地震・風水害の多発‥‥2009年佐用水害

　　○広域防災体制の確立‥‥2010年関西広域連合の設立

　　○大規模災害への広域支援‥‥2011年東日本大震災・対口支援

図16

阪神・淡路大震災の経験・教訓の活用状況例（3）

7. 震災の教訓の国内外への発信
　　○国際防災・国連活動への貢献‥‥IDNDR推進, UNISDR設置,
　　　　　　　　　　HFA採択、MDGsとSDGsの採択と推進

　　○震災の実践的研究の推進
　　　　　　　　　　　‥‥2002年国際防災・人道支援協議会（DRA）発足
　　○国際防災協力の推進‥‥2005年第2回国連防災世界会議の開催

8. 減災・縮災対策の推進
　　○防災・危機管理体制の充実や学術研究‥‥2017年兵庫県立大学院
　　　　　　　　　　　　　　　　　減災復興政策研究科創設
　　○国難災害研究推進‥‥2014年南海トラフ巨大地震
　　　　　　　　　　　　　　　　　　　　・津波被害想定

9. 連続災害の発生
　　○地震・風水害の連続発生‥‥2018年大阪府北部地震・西日本豪
　　　　　　　　　　雨・台風21号・北海道胆振東部地震

図17

はないかと考えているわけです。カラフルなポスターがいろいろなところで使われていますが（**図14**）、ほとんどの方は第1の目標が「貧困をなくそう」となっていることと、なぜそうなっているかという理由を理解しておられない。

　来年（20年）は阪神大震災から25周年を迎えます。この阪神大震災の経験、教訓がどう活用されてきたのか、兵庫県を中心にその洗い直しをしているわけです。なぜかと言いますと、風化が進んでいて、阪神大震災を経験した人が（兵庫県民の）30％を切るような状態になってきている。ですから、あの時の体験、教訓をどうやって後世に伝えるのかということが大きな目標になっているわけです。防災体制の抜本的整備など、約10の項目について整理しております（**図15～17**）。こういったものを私たち関係者だけではなく、メディアを通して全国に発信していただかないと都市災害への対応の困難さということがなかなか理解していただけない。幾つかの項目に分けて示していますが実際にはこれだけではありません。たくさんの項目が指摘できるわけですが、こういったことをまとめて情報として発信し、被災経験のない方に阪神大震災の被害の意味を知っていただくのは、これからの災害時代にとても大事だということを申し上げたいわけです。

31

第1部　基調講演

さまざまな努力をしてきたわけです。特に国際的な防災問題へのコミットメントは、ほとんど知られることなくやってきている。SDGsや国土強靱化などにこの教訓が色濃く反映していることは直接の関係者は理解していますが、なかなかそれが全国的に知られる状態にはなっていない。そういうところに問題がある。

これからの防災とは

ここまでがイントロダクションで、これから講演の主題があると考えていただいていいと思います。災害文化と災害文明の関係からこれからの防災を進めなければいけない、という主張を紹介したいと思います。

今の時代は文明が先行し、文化が追うという時代になっています。IoT（モノのインターネット）やIT、あるいはDT（デジタルトランスフォーメーション）など、英語で表される社会になるだろうといわれています。ですが、自動車の自動運転化が安全に進められるのかというと、非常に難しいわけです。防災や事故などを考えて文明的に開発を進めなければいけない。文化的な要因を忘れてしまうと、とんでもないことになりかねないという恐れを持っているわけです。

文化と文明、簡単に書いてありますが（図18）、文化というのは形のないもので、主として私たちの生活様式に関係し、哲学や芸術、宗教、制度、風習、習慣、知恵など精神的な日常生活に関わるものです。文明は形のあるもので、主として私たちの物質的環境に関係し、技術や工学、医学、発明、社会基盤、装置、システムなどの客観性を有するもの。こういう定義があります。

減災社会の実現には「社会の装置」としての文明の役割と、「社会の機能」としての文化の役割の両方が発達しなければいけない（図19）。CO$_2$（二酸化炭素）の排出量を抑えて地球温暖化を抑止する、あるいは地震予知技術を向上させる。まさに文明的な所産なのです。けれども、それだけでは不十分で、被害拡大要因の排除となると人口の一極集中の制御とか過疎・高齢化の軽減、そういったものが入ってこなくてはいけない。あるいは土地利用マネジメントの推進とかコミュニティーの再建、こういったものが文化的な要素なのです。この二つをうまく組み合わせないと、将来の防災はなかなか実現できないということを理解しなければいけない。両者の関係はベースに災害文明があって、その上に災害文化が乗っ

32

ている。こうした関係によって、防災の実現を図らなければいけないと主張した
いわけです（**図20**）。

　災害文化の例として「土手の花見」というのがあります（**図21**）。江戸幕府は
堤防を造りますと、必ずそこに桜の苗木を植えた。桜が大きくなると花見見物の
住民が堤防の上を歩くわけです。あるいは堤防の上を街道にする、堤防の横に神
社を建てる。これによって堤防を締め固めるということが自動的になされる。そ
ういう装置を造っていた。江戸幕府は賢くて、50年、60年たった桜の大木は強制
的に伐採した。なぜかと言いますと、桜の木が台風の強い風にあおられると根こ
そぎ倒れるということが起きる。堤防は土ですから、増水するとそこから壊れる
わけです。ですから、大きくなってくると、それを切ってまた苗木を植える。こ
ういうことを繰り返していた。

　この所作はオーストリアのウィーンでも行われています。ウィーンにはドナウ
川が流れていて立派な河畔林があります。ストームが襲ってきて大木が倒れると
堤防が壊れることがある。私どもがウィーンの危機管理室で河畔林のことを聞く
と「なんでそんなことを知っているんだ。オーストリアでもストームで大木が倒
れて、そこから堤防が決壊したことが過去に何度もあった。だから大きくなりす
ぎないように伐採している」と言っていました。そういう共通の文化が実はあ
る。

　水害防備林というのがあります（**図22**）。大きな川のそばには竹が植えられて
いる。竹は非常に役に立ちます。増水して川の堤防に流れが当たると、堤防が痩
せます。これを防ぐために、竹を数本切って荒縄で縛り、上流から荒縄を付けた
まま流す。そうすると、その竹の束が浸食されている堤防の斜面にへばりつく。
流速が遅くなって堤防の浸食が止まる「木流し工法」です。これをやるためには
竹が要りますので、こういう河川の近くには必ず竹林があって、それを利用する
ということを続けてきました。

　この水害防備林は、何も自然の洪水を守るだけではありません。川の堤防はど
こかで切れると、そのほかの所は助かるわけです。天竜川が流れるある町では、
畳の4畳半とか6畳分の大だこを揚げる文化が残っています。江戸時代に趣味で
やっていたのではない。たこを揚げて対岸に落として引っ張る。そうすると対岸
の堤防に傷が付き、そこから洪水や氾濫が起こる。増水した川の堤防というのは

文化と文明

- **文化：形のないもの（Culture）**

　主として私たちの生活様式に関係し、哲学、芸術、宗教、制度、風習、習慣、知恵などの精神的な日常生活に関わるもの

- **文明：形のあるもの（Civilization）**

　主として私たちの物質的環境に関係し、技術、工学、医学、発明、社会基盤、装置、システムなどの客観性を有するもの

図18

減災社会の実現

社会の**装置**としての文明の役割
- 誘因（ハザード）の軽減：人為性の排除
　　地球温暖化の抑止，地震予知技術の向上など

社会の**機能**としての文化の役割
- 被害拡大要因の排除
　　人口の一極集中の抑制，過疎・高齢化の軽減など
- 素因（社会の防災力）の改善
　　土地利用マネジメントの徹底，コミュニティの再建など

図19

想定外の天変地異とどう向き合うのか

図20

スポンジみたいにジュクジュクになっているので、引っかき傷を付けるだけで、そこから氾濫が発生します。

このような文化が江戸時代にあって今も残っています。対岸の村の人たちが、こちらの村の堤防を切りに来ようとするのを竹やりで防ぐ。こういうことも考えていた。当時の防災というのは生活に完全に立脚していました。

衰退する災害文化

災害文明はどんどん進歩していますが、災害文化は長期的に衰退する一方です(図23)。この差はどんどん大きくなっています。避難警報や情報を出しても住民は避難しない。これもまさにそういうことなのです。「生活とつながっていない」という問題が解決されない限り、避難する人が増えるわけではなく、問題は解決しないということに気付かなければいけない。数字を触っただけで、あるいはシステムを触っただけで避難する人が増えるというほど単純な社会ではない、ということを私たちは理解しなければいけない。

災害文化の例：土手の花見

- 古くは、川の堤防を作る（普請という）ときに、桜の苗木を植え、近くに神社を建立する（花見や秋祭りのとき堤防を歩き、自然の締固め効果）。
- ただし、桜が大木になると、台風時に暴風にあおられて倒れると堤防が決壊するから、江戸幕府は50年から60年に一度伐採し、新たに苗木を植えた。

図21

水害防備林の造成

たとえば、四国・吉野川に沿って、1955年頃には竹林からなる水害防備林が約60km、約510ヘクタールにわたってあり、大規模なものは幅300mに達していた。

①洪水の浸食から河岸を守る。
②万一、氾濫しても氾濫流の勢いを弱くする。
③木流しなどの水防工法に必要である。
④最近は住民が手入れしないために荒れているところが多い。

図22

想定外の天変地異とどう向き合うのか

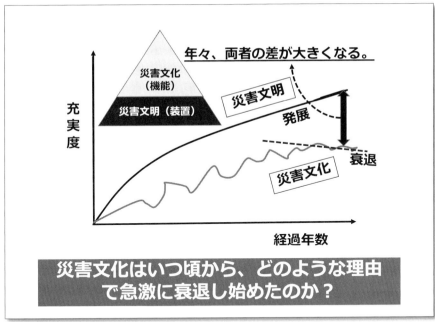

図23

　日本文化はなぜ衰退したのか（図24、25）。明治維新でも日本文化はつぶれませんでした。つぶれたのは高度経済成長期です。衣食住、全部が変わりました。私が小学生の時、学校の授業参観に母は着物で来ました。ほとんどのお母さんが着物でした。今、授業参観に着物で来る人なんていません。食べ物、あるいは家そのものがそうなのです。日本間や欄間、ふすま、障子があってという家が非常に少なくなって、プレハブのような住宅になっている。小学生が金づちでくぎを打てない、のこぎりで木を切れないということが常態化している。芸術の歌舞伎や大和絵、文楽、三味線、日本舞踊も何らかの形で保護しないと廃れてしまうでしょう。

　最近、墓をつくらない、あるいは子どもが１人しかいないから墓を継がせるのは難しいというので合葬にするとか、いろいろな形で「墓じまい」が行われています。これが起こっているのは日本だけです。墓をなくすなどということは世界各国、どこもやったことがない。仏壇をお寺さんに持って帰ってくれという檀家さんが増えています。こういう文化をそのままにしておいていいのか、ということを考えなければいけない。なぜか。災害文化というのは、明確に「これが災害

37

第1部　基調講演

なぜ日本文化、災害文化が衰退したのか（1）

- 日本文化は室町時代の東山文化が出発点

東山文化とは、室町時代中期の文化を指す用語。八代将軍足利義政（1436年-1490年）が築いた京都の東山山荘を中心に、武家、公家、禅僧らの文化が融合して生まれたとされる。慈照寺銀閣は東山文化を代表する建築である。茶道、華道、香道などが生まれ成熟

- 日本文化は150年前から始まった明治初期の文明開化でも大きく変化しなかった。

- しかし、昭和30（1955）年から始まり、昭和48（1973年）年まで続いた高度経済成長時代（年間の経済成長率10％以上）、そしてその後の「失われた20年」、その間のバブル経済（1986-91年）に激変し、往時に比べて大きく衰退した。

- 例：衣：和服、袴、褌、ゆかた、下駄　食：和食、ご飯、魚、海苔　住：畳、襖、障子、床の間、掛け軸、日本間、欄間、屏風　芸術：能、歌舞伎、大和絵（日本画）、文楽、三味線、日本舞踊　その他：墓じまい、仏壇じまい

図24

なぜ日本文化、災害文化が衰退したのか（2）

- 災害文化も日本文化であり、変質を余儀なくされたと考えてよい。

- たとえば、わが国には古くは農業用水用のため池（例：狭山池、満濃池）はあったが、治水目的のダムはなかった。

- 多目的ダムとは、洪水調節・不特定利水・水力発電・かんがい・上水道・工業用を目的としたダムである。

- 地球温暖化によって異常な豪雨が発生する現状では、治水＝洪水調節は不可能で、洪水マネジメントに変わらなければいけない。Flood ControlからFlood Managementへ。

- 異常洪水時防災操作を実施する水位になると、それまでダムは、流域住民の命と財産を守るという目的から、ダムを守るというように、目的が急変するのは危険である（流域の住民には理解できない）。

図25

38

文化だ」というものではないのです。日本文化の中に災害文化が織り込まれていたと考えるべきなのです。災害文化がどんどん衰退しているということは、私たちの生活の中から、そういう要因がなくなってしまって文明的なものだけがますます発達する。非常に中途半端な時代が今、私たちの目の前にある。だからこそ、なぜ日本文化、災害文化が衰退したのかということを考えなければいけないのです。

　これは「外力の制御」がほとんど不可能になる時代に生きているということなのです。昨日（7月3日）のように、千ミリメートルを超える雨が降った時にダムでコントロールする、遊水地でコントロールする、こんなことは不可能なのです。どうしたらいいのか、その方法が全く分からないという時代に入っている。これまでは、あるレベルまでの外力は想定できました。ですが、それを上回る外力、東日本大震災という大きな地震、津波が発生した。昨年（18年）の大雨でも総量824億立方メートルという、とんでもない雨が降った。こういう、とんでもないことが起こる時代に、ハードでコントロールすることはもうできない。構造物とか情報だけではだめなのです。それでもなんとかしようとすると、文化を進めなければいけないということに気付くわけです。

　洪水制御、「フラッド（洪水）マネジメント」と言っております。17年に米テキサス州ヒューストンを大型ハリケーン「ハービー」が直撃しました。5日間で千億立方メートルの雨が降り、テキサスメディカルセンターのある場所だけが水に漬からず、あとは全市水没したわけです。

　なぜテキサスメディカルセンターが水没しなかったのか。実は01年に水没したのです。入院患者への食料も運べないようなことになったので、連邦政府は500年に1度の確率の雨に耐えられるように対策をし、今回そこだけが助かりました。ここ以外は全市水没しました。こんな雨が東京で降りますと、全部水没します。昨日のような前線の雨ではなくハリケーンの雨です。ということは大量の雨、台風が東京を直撃すると、ヒューストンのようなことが起こる。しばしば東京に来ておりますが、例えば大手町には近代的な高層ビルがたくさんあります。しかも全部地下がつながっています。大雨が降ったらどうなるかなんて誰も考えていない。何も対策をしていないのです。駐車場に入る斜路はバリアフリーになっていますから、道路に水があふれると地下の駐車場は水没する。わが国は、ひ

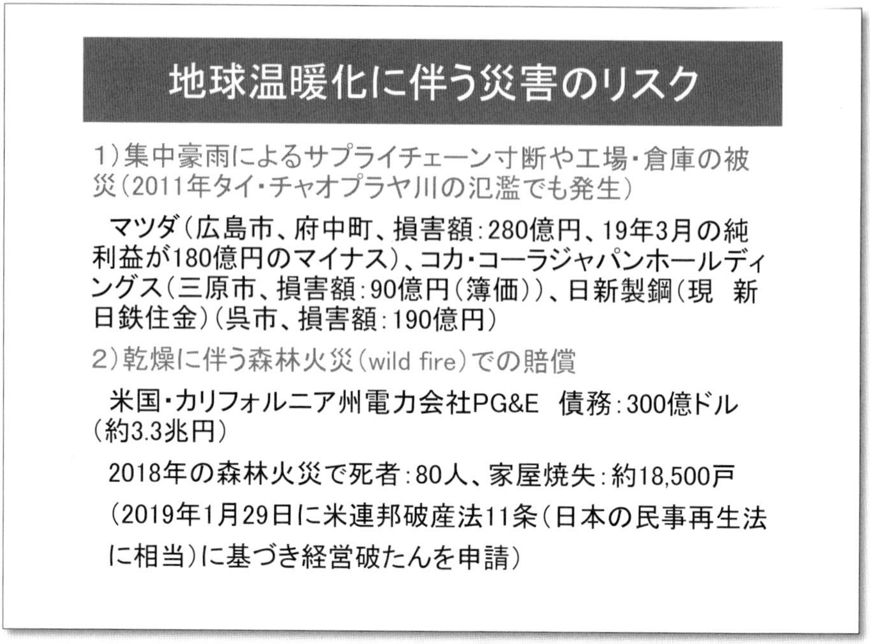

第1部　基調講演

地球温暖化に伴う災害のリスク

1）集中豪雨によるサプライチェーン寸断や工場・倉庫の被災（2011年タイ・チャオプラヤ川の氾濫でも発生）

　マツダ（広島市、府中町、損害額：280億円、19年3月の純利益が180億円のマイナス）、コカ・コーラジャパンホールディングス（三原市、損害額：90億円（簿価））、日新製鋼（現　新日鉄住金）（呉市、損害額：190億円）

2）乾燥に伴う森林火災（wild fire）での賠償

　米国・カリフォルニア州電力会社PG&E　債務：300億ドル（約3.3兆円）

　2018年の森林火災で死者：80人、家屋焼失：約18,500戸

　（2019年1月29日に米連邦破産法11条（日本の民事再生法に相当）に基づき経営破たんを申請）

図26

　どい目に遭わない限り対策を先行するということをやらない国なのです。そういう恐れがあると言うと非常に拒絶的な反応になって、被害が起こらないことにしてしまうのです。そういうことが、わが国の得意技なのです。

　来年（20年）の東京五輪の最中に台風が来たらどうするのか。7月中旬から8月中旬は台風シーズンです。もし大型台風が静岡県の伊豆半島沖にやってきて明日、東京湾に上陸するといったときにはどういう対応をするのか。全くその情報は出てこない。大変なことは誰でも分かる。大変なことと分かったら、起こらないことにするのです。起こらないことにすると考えなくていい。ですから、東京五輪といえばテロ対策だけなのです。

　先日、大阪市で20カ国・地域首脳会議（G20大阪サミット）がありました。全国から警察官が3万2千人集まったのです。6月に入ると、赤ランプをつけたパトカーと機動隊員の輸送車が大阪市内をずっと動き回っていました。地震が起こったらどうなるのか。6月18日は、昨年（18年）大阪府北部地震が起こった日です。あるいは、今回のような雨が降ったらどうするのか全く考えていなかった。起こらないことにすると考えなくてもいい。わが国は、そういう国なのです。私

40

どもが何度言っても改まらず、そういう状態がずっと続いている。それは災害を人ごとにするということになるので、駄目だと言っているわけです。

地球温暖化で高まる災害リスク

　地球温暖化に伴う災害のリスクがどんどん増えています（図26）。海外でもサプライチェーン（部品の調達・供給網）がネットワークの問題として大きくのしかかってきている。2011年に（氾濫が起きた）タイのチャオプラヤ川は利根川の流域面積の６倍もある川で、上流に雨が降ってもバンコクの水面が上がるまで１カ月かかる。中国の黄河は上流に雨が降って海に出てくるまで３カ月かかる。日本の川は全部３日以内に海に流れてくる。明治初期のオランダのお雇い技師は「日本の川は川じゃない、あれは滝だ」と表現しました。海外で起こる被害が日本にも波及する。これは何も人為的なことだけではありません。11年のチャオプラヤ川の氾濫で日本の合弁会社320社が水没したわけです。

　また気候の乾燥に伴う森林火災が米国、特にカリフォルニア州で猛威を振るっている。ナパ郡というカリフォルニアワインの産地が森林火災で大きなダメージを受け、電力会社もつぶれている。変電所とか送電線が火災で駄目になってしまい、長期にわたって電力が不足することが既に起こっています。災害のリスクがどんどん大きくなっている。

　わが国では北海道が一番ひどい目に遭っている。梅雨前線は従来、東北の北部でなくなっていました。今は北海道にも梅雨前線が北上するようになり、10年には１週間に三つも台風が上陸しました。雨が少ないので、すぐに流れてしまっては水不足になるので、北海道の川は石狩川のように蛇行、蛇がくねくねうねるような流路になっている。そんな所にドカッと雨が降ると、当然、洪水や氾濫が起きて水が引かない。そうすると土中のタマネギとかジャガイモが腐ってしまうという問題が起きる。今から30年前、地球温暖化で暖かくなるといったら北海道の人はみんな喜んだのです。でも今、一番割りを食っているのが北海道なのです。地球温暖化で大きな災害による被害に遭っています。

第1部　基調講演

災害文明から災害文化へ転換する必要 縮災いう「パラダイムシフト」

- 洪水氾濫から避難するという、新たな文化的行為が必要になっている。
- この転換の必要性が国民には理解されていない。
- 地域コミュニティの崩壊や防災教育の停滞、災害情報の欠陥が問題なのではないという理解が必要である。
- つまり、災害文化が生まれていないことが最大のボトルネックになっている。
- 現代は、高齢者が高齢の"縞馬（しまうま）"になっており、洪水氾濫（ライオン）の餌食になっている。

図27

ライオンのシマウマ狩り

ライオンは集団で、シマウマの群れを長時間にわたって追い回す。

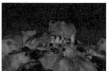

図28

高齢者が「高齢のシマウマ」に

　災害文明から災害文化へ展開するパラダイムシフトが必要です（**図27**）。考え方を変えなければいけない。ハイテクでどんどん対策を進めるのもいいですが、それだけで防災はできません。文化をなんとかしなければいけない。

　地域では消防団とか水防団が駄目になってきている。高齢化でそうなっているのですが、実は文化が駄目になっているということに気が付かなければいけない。なり手がいないという問題だけではなく、どうやって補完するのかということも考えなければいけない。こうしたことは災害文化が生まれていないことが最大のネックになっているのです。

　現代は高齢者が「高齢のシマウマ」になっています（**図28**）。シマウマがなぜライオンの餌食になりやすいかというと、ライオンはグループでシマウマを追い掛け回す。追い掛けまくると、おじいちゃんとかおばあちゃんシマウマ、赤ちゃんシマウマが脱落して餌食になる。ライオンは1頭を狙うのではなく、群れを追い掛け回すのです。

　今わが国で起こっているのは、この高齢者というシマウマを、災害というライオンが追い掛け回しているのです。人間はシマウマじゃありません。知恵がありますから何とかしなければいけないが、その知恵がなかなか出てこない。文明だけで守れるかというと守れないのです。私たちの生活そのものをどういうふうにするかということを考えないと、ライオンのシマウマ狩りと同じようなことが起こってしまう。そういう認識が必要ではないかと言っているわけです。

縮災とは

　「縮災」を私たちは主張しています。実は日本政府は縮災という言葉を使ってくれています。ただ、決して「河田の縮災」とは言ってくれない。「減災」というのも1988年から使っている言葉なのですが、決して私の名前を言ってくれない。パテント料をもらうわけではないので使ってくれていいのですが（笑）。縮災というのは図（**29**）にありますように、災害が起こるとA、B、Cという被害になるので事前の防災をやっておく。すなわち予防力を付けて、起こってからの

第1部　基調講演

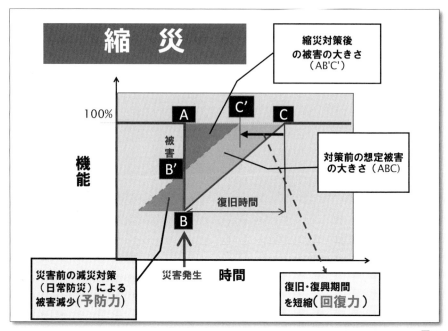

図29

縮災の特徴

1. 災害が起こる前に、被害軽減策と被害抑止策を考えて実行する（事前防災、日常防災）。……予防力の向上

2. 災害が起こった後は、できるだけ早く復旧・復興を目指す。……回復力の向上

図30

復旧、復興を早くする（図30）。回復力を付けることで、結果的にＡ、Ｂ、Ｃという被害がＡ、Ｂ'、Ｃ'になるということです。

　東日本大震災から８年たちました。復興がうまくいっているのは三つの市です。仙台市と岩沼市、東松島市（いずれも宮城県）です。なぜうまくいっているかというと、この三市は回復力が飛び抜けていいのです。岩沼市はかつて町村合併をする時に市民が何度もワークショップをやって、どうすればいいかという議論をしました。東松島市もそうです。岩沼市は合併しなかったのですが、東松島市は幾つかの町と合併し、その途中でかんかんがくがく意見を交わし合った。ワークショップというのは、意見がいろいろあっていいのですが、たくさん知っている人と、全然知らない人の差をそのままにしておいて意思決定すると後でどんでん返しが起こる。東日本大震災の後、防波堤の高さをどうするか決めようとした時に、みんな津波が怖かったものですから、高ければ高い方がいいという形で合意したわけです。ところが１年ほどたってよく考えてみると、そんな高い防波堤があったら生活に困るということが分かってくる。何度もワークショップをやることによって、たくさん持っている人の知識を持っていない人に移すという作業が非常に大きな特徴になるわけです。岩沼市も東松島市もそういうワークショップを何度も繰り返して、みんなで意見を言い合う。そして、知識の差が少ない形で東日本大震災を迎えた。町づくりをどうするかというときに、自分の意見を言い、よく知っている人の意見を聞く。こういうワークショップを行うことによって市民一人一人がとても賢くなる。岩沼市も東松島市も大規模に高台移転し、以前よりとても便利になった。

　仙台市はなぜうまくいったのか。私は首相官邸の防災対策、東日本大震災復興構想会議のメンバーでした。仙台市長に会議で発言する機会を持ってはどうかと申し上げたら、「要りません。仙台はきちんと復興できます」と市長は断りました。その理由は大震災の後、あちこち現地を調査して分かりました。かつて仙台市は27年間、旧社会党市長の時代がありました。この時代、市が考えていることを議会で承認を受けるのが大変難しかった。ですから、議会に上げる案件は、まず市民たちが議論し、市民の声を集約する形で議案として上程する。そうしたことを仙台市はシステムとしてつくるようになったのです。もうお辞めになりましたが、奥山恵美子市長はもともと市役所の職員で、市のやり方をよく知っていた

45

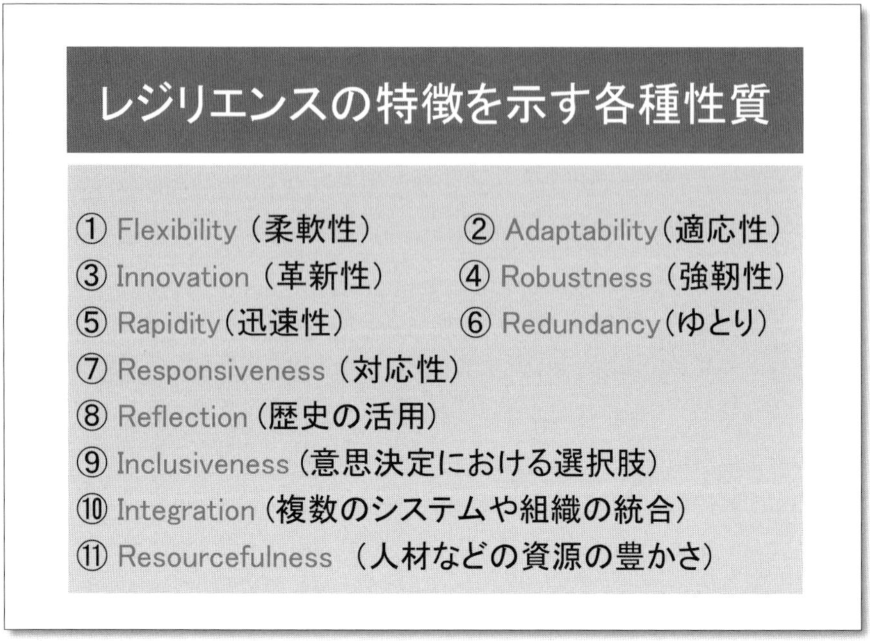

第1部　基調講演

> ## レジリエンスの特徴を示す各種性質
>
> ① Flexibility（柔軟性）　　② Adaptability（適応性）
> ③ Innovation（革新性）　　④ Robustness（強靭性）
> ⑤ Rapidity（迅速性）　　　⑥ Redundancy（ゆとり）
> ⑦ Responsiveness（対応性）
> ⑧ Reflection（歴史の活用）
> ⑨ Inclusiveness（意思決定における選択肢）
> ⑩ Integration（複数のシステムや組織の統合）
> ⑪ Resourcefulness　（人材などの資源の豊かさ）

図31

のです。

　東日本大震災から8年たって何が変わったかと言いますと、NPOとかボランティアの組織がネットワークとしてうまく動けるようになった。これが東日本大震災の大きな成果です。これから災害が起こったとき、自治体だけに頼らず第三セクターといわれる人たちが立ち上がれる。そういうことが充実してきた。残された問題は、この第三セクターの部分に公的資金が流れるようにできるかどうかです。自治体が本来やらなければいけないことを第三セクターができるようになった。ただ財政基盤がとても貧弱です。東日本大震災では、企業からのボランティア基金がおよそ1200億円集まりました。それでも不足します。この財政基盤をきちっとすることが、災害対応における第三セクターの能力発揮のためにはどうしても必要です。内閣府防災では今、その公的資金を回せるか回せないかという検討をしていただいておりますが、もう自治体だけの力では大きな災害を乗り切ることができません。

　縮災というのは「予防力と回復力の向上」なのです（図30）。基本的にレジリエンスという内容を持っていますから、（図31の）①から⑪までの特徴が含まれ

ていなければいけない。特効薬はないのです。いろいろな対策を組み合わさなければいけない。対策の一つ一つが①から⑪までのどれかを満足していれば、①から⑪までが満遍なく含まれてくる。防災対策をどうやって進めるかは、多様化した価値観の下、防災対策も順調に進めなければいけないところの一つの知恵として、レジリエンスという言葉が出てきているのだと思っております。

なぜ文明を文化に転換できないか

災害文明を災害文化に転換できない例があります（**図32**）。洪水情報が正確、迅速、詳細に発表される。これは文明です。でも住民は避難しない。なぜかと言うと情報が全部曖昧なのです。防災に関わる情報は実は全部曖昧。川が危ないというときに、一人一人の想定する危険というのは全部違います。ロボットなら水位が３メートル50になったら危ないとなれば、その水位になった途端に全部動く。でも人間は３メートル50になっても「まだ大丈夫だ」と言う人もいるし「もう遅い」と言う人もいる。千差万別です。そういう文化には「基準がない」という大きな特徴がありますから、そこを拭い去らない限り、いくら正確に、迅速に、詳細に情報を出しても避難しない人は避難しないのです。

ではどうするか。地震発生の危険性を確率表示しても、「自分には関係ない」と思ってしまったら何の役にも立たない。現に、最近起きている地震は地震調査研究推進本部が発表していた活断層ではなく、隠れた活断層なのです。昨年（2018年）の北海道胆振東部地震も、活断層の存在が分かっていませんでした。大阪北部地震もそうです。全然分かってない活断層がマグニチュード（M）６クラスの地震を起こしている。阪神大震災の時、大阪の人たちは「神戸は大変ね」って言っていた。自分の所では起こらないと思っていた。人ごとだったのが、いきなりM6.1の地震です。M6.1は阪神大震災の64分の１のエネルギーなので、大した被害にならなくてよかったですが、我がこととして考えるきっかけになった。

超高層マンションは地震に強い。利殖の対象としてマンションを購入する。生活に便利だから購入する。でも、昨年の台風21号で大変なことになりました。地震は大丈夫だと思っていたのに、強い風が吹いたら高層の建物は揺れるのです。

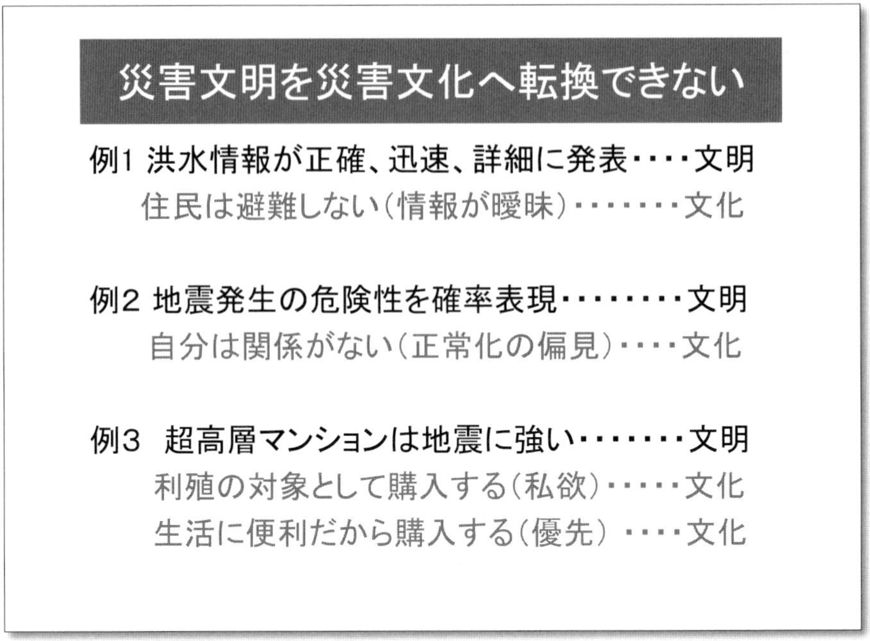

災害文明を災害文化へ転換できない

例1 洪水情報が正確、迅速、詳細に発表‥‥文明
　　住民は避難しない（情報が曖昧）‥‥‥文化

例2 地震発生の危険性を確率表現‥‥‥‥文明
　　自分は関係がない（正常化の偏見）‥‥文化

例3　超高層マンションは地震に強い‥‥‥文明
　　利殖の対象として購入する（私欲）‥‥文化
　　生活に便利だから購入する（優先）‥‥文化

図32

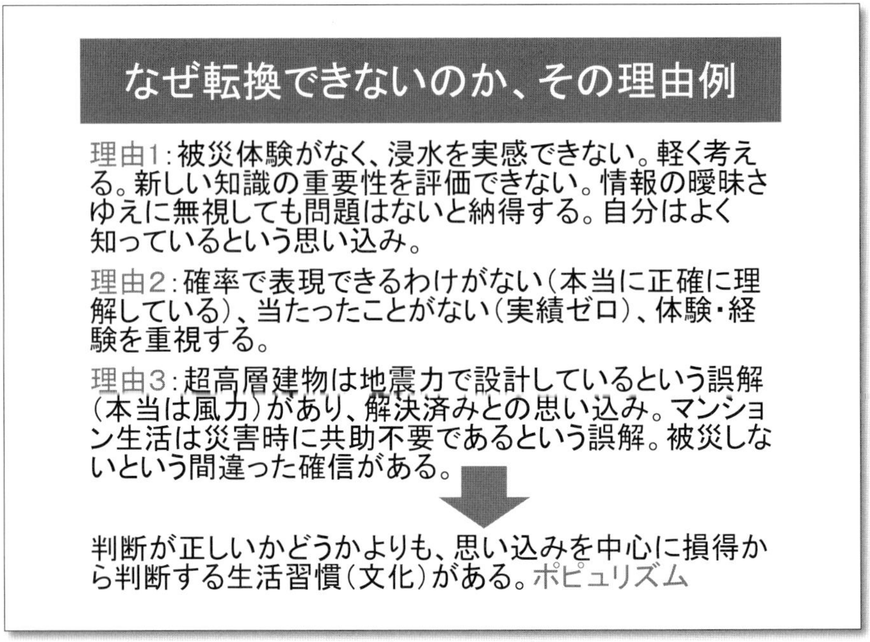

なぜ転換できないのか、その理由例

理由1：被災体験がなく、浸水を実感できない。軽く考える。新しい知識の重要性を評価できない。情報の曖昧さゆえに無視しても問題はないと納得する。自分はよく知っているという思い込み。

理由2：確率で表現できるわけがない（本当に正確に理解している）、当たったことがない（実績ゼロ）、体験・経験を重視する。

理由3：超高層建物は地震力で設計しているという誤解（本当は風力）があり、解決済みとの思い込み。マンション生活は災害時に共助不要であるという誤解。被災しないという間違った確信がある。

判断が正しいかどうかよりも、思い込みを中心に損得から判断する生活習慣（文化）がある。ポピュリズム

図33

２時間くらい揺れて音もする。それを子どもたちは怖がってしまう。超高層ビルは地震の力に耐えられるように設計しているのではないのです。風の力に対して設計している。それを分かっていない。ニューヨークのエンパイアステートビルは風を考慮して設計している。ニューヨークでは11年に震度４〜５程度の地震があったのですが、びくともしなかった。なぜか。風による外力の方が地震の外力より大きいからです。

ここに、なぜ文明を文化に転換できないかという理由を書いております（図33）。判断が正しいかどうかより、思い込みを中心に損得から判断する生活習慣が高度経済成長期から出てきている。もうかるか、もうからないか。そういうことしか考えない社会になってきている。このポピュリズムが災害文化をつくれない大きなネックになっていると考えなければいけない。

そういう時代に「諸行無常」だなんて言わないでくれと言っています（図34）。「平家物語」、「徒然草」とか「方丈記」の時代ならいいのかもしれませんが、こんな災害多発の時代に諸行無常なんて言っていたら、もう災害に巻き込まれるしかない。この災害文明を災害文化としてどうやって育てていくのかということは、非常に大きな問題です。シマウマの高齢者がライオンという災害に追い掛け回されている時代にどうするのか。私たちには知恵があります。シマウマではないのですから、これを考えなければいけない。

最後です。大きな問題として首都直下地震や南海トラフ地震をどうするのか、あるいは災害関連法の整備です（図35）。皆さん、災害関連死というのがなぜこれだけ続くかご存じですか。実は災害関連死に認定されますと災害救助法から死亡弔慰金が出るのです。もし首都直下地震とか南海トラフの巨大地震が起こって想定通りの犠牲者が出てしまうと、災害弔慰金だけで数兆円要るのです。そんなお金があれば、それを事前の予防への投資に回さなければいけない。けれども、こういう抜本的に変えなければいけないことを、わが国は一番苦手としています。わが国が得意なのは、ちょこっと変えることなのです。

災害救助法の条例の本文はとても短いのですが、その後つくられた事例がたくさんあって、重ねると５センチくらいの厚さになって大きな災害が起こったら駄目になりますから、これも何とかしなければいけない。公助から自助へ共助中心の災害対応に即したものにしなくてはいけない。あるいはNPOやボランティア

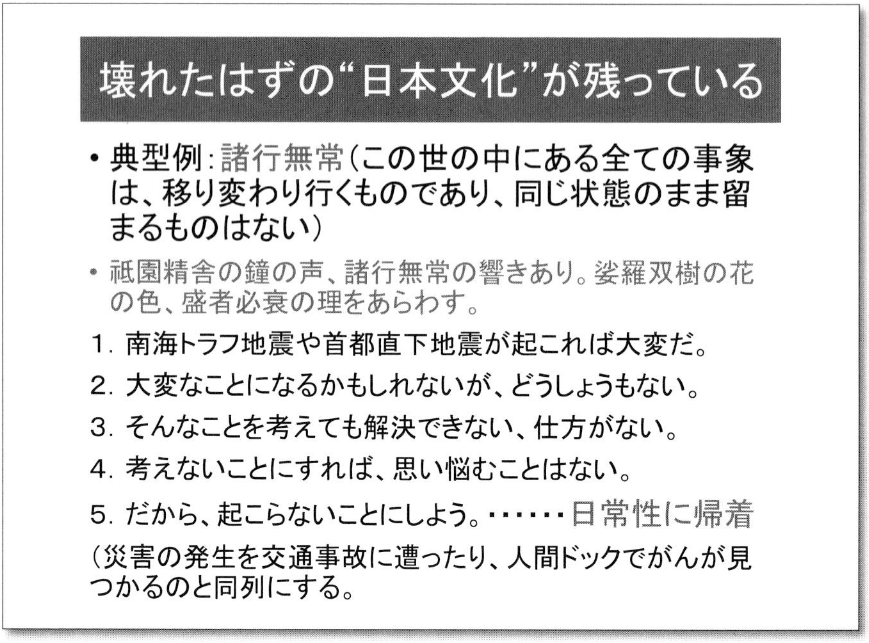

第1部　基調講演

壊れたはずの"日本文化"が残っている

- **典型例**：諸行無常（この世の中にある全ての事象は、移り変わり行くものであり、同じ状態のまま留まるものはない）
- 祇園精舎の鐘の声、諸行無常の響きあり。娑羅双樹の花の色、盛者必衰の理をあらわす。
1. 南海トラフ地震や首都直下地震が起これば大変だ。
2. 大変なことになるかもしれないが、どうしょうもない。
3. そんなことを考えても解決できない、仕方がない。
4. 考えないことにすれば、思い悩むことはない。
5. だから、起こらないことにしよう。‥‥‥日常性に帰着

（災害の発生を交通事故に遭ったり、人間ドックでがんが見つかるのと同列にする。

図34

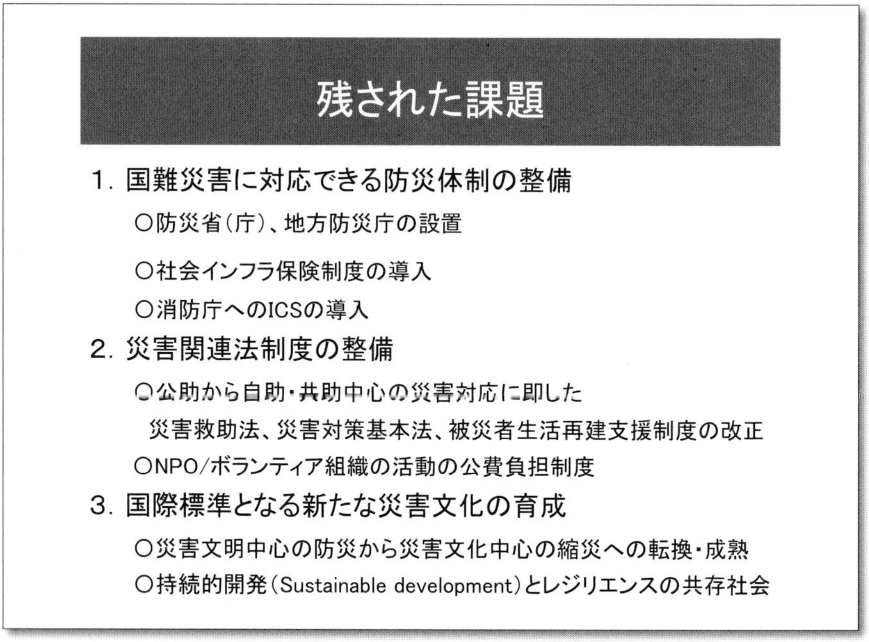

残された課題

1. 国難災害に対応できる防災体制の整備

　　○防災省（庁）、地方防災庁の設置

　　○社会インフラ保険制度の導入

　　○消防庁へのICSの導入

2. 災害関連法制度の整備

　　○公助から自助・共助中心の災害対応に即した

　　　災害救助法、災害対策基本法、被災者生活再建支援制度の改正

　　○NPO/ボランティア組織の活動の公費負担制度

3. 国際標準となる新たな災害文化の育成

　　○災害文明中心の防災から災害文化中心の縮災への転換・成熟

　　○持続的開発（Sustainable development）とレジリエンスの共存社会

図35

組織の活動の費用負担をどうするかなど、国際標準となる新たな災害文化を育成しなければいけない。

　日本は災害大国です。被害が大きいだけではないのです。日本が持つ防災や減災、縮災の技術を途上国に輸出しなければいけない。これらが残された大きな問題ではないかと思っております。用意しております（発表資料作成ソフト）パワーポイントは、これで終わりました。ご清聴ありがとうございました。

第**2**部

パネルディスカッション

大地震、異常気象をどう乗り切るか

―しのぐ力育むメディア報道―

パネリスト

山村武彦

防災システム研究所所長

国崎信江

危機管理教育研究所代表

半井小絵

気象予報士

所澤新一郎

共同通信社気象・災害取材チーム長

コーディネーター

松本真由美

東京大学教養学部客員准教授

パネルディスカッション
大地震、異常気象をどう乗り切るか
―しのぐ力育むメディア報道―

1. プレゼンテーション

松本 皆さま、こんにちは。本日はお忙しい中、大勢の皆さまにご参加いただきまして大変ありがとうございます。第1部の河田惠昭先生の講演に続きまして、パネルディスカッションを始めさせていただきたいと思います。私はコーディネーターを務めます松本真由美と申します。よろしくお願いいたします。

さて、本日のシンポジウムのテーマは「大地震、異常気象をどう乗り切るか―しのぐ力育むメディア報道―」です。河田先生のお話にもございました通り、梅

松本真由美氏

雨前線の活発化で九州南部では数年来の記録的な大雨が降っています。現在、大雨は峠を越したと報じられておりますが、土砂災害が懸念されており、引き続きメディアの報道が重要な状況です。そして、本日のもう一つのテーマ、大地震への懸念については、今後30年以内に、70%から80%の確率で発生するとされる南海トラフ巨大地震への懸念など、自然災害が私たちの生活を脅かしています。こうした中、メディアは大地震や異常気象をどう乗り切るかについて、的確に報道しているのでしょうか。メディアの報道は被害を最小限にとどめるための「しの

55

ぐ力」を育んでいるのでしょうか。これらについて話し合ってまいりたいと思います。

　それでは、本日のパネリストの皆さま方をご紹介したいと思います。それぞれ一言ずつ、本日のテーマとご自身の活動も含めて自己紹介をいただければと思います。私のお隣にいらっしゃいます防災システム研究所所長の山村武彦さんからお願いいたします。よろしくお願いいたします。

山村　ありがとうございます。山村武彦と申します。今年（2019年）76歳になりました。55年前の新潟地震の時、たまたま同級生が新潟にいたものですから、翌日現地に入ってボランティア活動みたいなものをやりました。それ以降、こういう仕事になりました。本来、政治家か何かになろうかと思っていたのです。そうであれば今日あたり、参院選を前に、どこかへ行って演説をやっている頃なのでしょう。それが今日まで55年間、防災について長くやってきたのですが、まだまだ自分たちの力は足りないなと思っています。これからも皆さんのご指導などいただきながら、もっともっと勉強していこうと思っています。よろしくお願いします。

松本　続きまして、危機管理教育研究所代表でいらっしゃいます国崎信江さんです。よろしくお願いいたします。

国崎　皆さま、こんにちは。危機管理アドバイザーの国崎と申します。後ほど15分お時間をいただいて、活動の紹介をしたいと思っております。私は阪神・淡路大震災（阪神大震災）をきっかけとして、防災に関心を持ち始めました。阪神大震災の前は全く防災に関心を持っておらず、災害にも防災にも無知な状態でした。ですから、国民の皆さまで防災に関心がないとか、災害情報に興味がないという方の気持ちはよく分かります。ただ、私自身が直接の被災者ではなかったとしても、この20年間継続して、それこそ人生を懸けて防災に取り組んでまいりました。つまり、きっかけさえあれば防災に取り組むことは難しくないということに気付いていただければと思います。そのためにも、これまでの経験を少しでも皆さまにお伝えし、地域や家庭、企業などの防災力の向上につながればという気

持ちを持って活動しております。どうぞよろしくお願いいたします。

松本　続きましては、気象予報士の半井小絵さんです。よろしくお願いいたします。

半井　皆さま、こんにちは。気象予報士の半井小絵です。2011年までの9年間、NHKのニュースで気象情報を担当させていただいておりました。名前が変わっておりますので、今も覚えてくださっている方がいらして、とてもうれしく思っております。現在は気象予報士だけでなく、女優という肩書も付けております。先月、俳優座劇場で1週間舞台に出ておりました。主演が松村雄基さん。「スクール☆ウォーズ」というラグビーのドラマで、不良少年役だった方です。今は舞台で大活躍されておりまして、その方の奥さん役で出させていただきました。ほかには司会ですとかコメンテーターなどもやっております。

　気象に関しましては、気象や防災についての講演を各地でさせていただいております。これまで情報を伝えてきて、気象や防災情報を活用することの大切さや地域リスクを知ること、災害から命を守るにはということを中心にお話ししています。防災士資格の気象分野の講師もしております。また、NPO法人火山防災推進機構の客員研究員をしており、被災地調査にも行っております。

　九州を中心とした大雨は昨日（7月3日）の夜遅く、九州南部が峠を越しました。少しほっとしておりますが、また次の低気圧が週末、九州にやってくる恐れも出てきていますので、まだまだ油断ができない状態です。本日は短い時間ですが、皆さまとともに災害の被害を最小限にするにはどうしたらよいかということを一緒に考えていきたいと思っております。どうぞよろしくお願いいたします。

松本　最後は共同通信社の気象・災害取材チーム長、所澤新一郎さんです。よろしくお願いいたします。

所澤　共同通信社の所澤と申します。よろしくお願いします。私は災害の現場におじゃまするようになって28年です。山村さんの半分くらいで、まだまだです。いつも災害現場に行くたびに学びがあります。昨今は災害が多発しているという

ことで、弊社でも「気象・災害取材チーム」という組織が昨年（18年）でき、そこの責任者をしております。

地方で災害が起きると、東京では地震の研究者を取材する科学部、気象庁を担当する社会部、あるいは防災官庁、内閣府防災とか国土交通省の砂防河川を担当している地域報道部など、弊社の場合、取材に当たるのがたくさんの部にまたがっておりますので、部際のチームをつくったということになります。

個人的には、被害を少しでも減らすような防災の部分と、実際に災害が起きてしまってから長く時間がかかる復興の過程。この防災と復興、両方に興味を持っているつもりです。今日は私が唯一のメディア担当ということで、お声が掛かったと思います。被告席のような立場かと思いますけれど、よろしくお願いします。

松本　以上のパネリストの皆さま方と、これから議論してまいりたいと思います。ここからの進行について説明します。前半は、各パネリストの皆さま方に15分程度、それぞれのお立場から問題提起のプレゼンテーションをしていただきます。続きまして「大地震、異常気象をどう乗り切るか」について、メディア報道の在り方も含めてパネリストの皆さまと掘り下げて議論してまいります。事前に会場の皆さまから頂きました質問も、この中に織り交ぜて討議してまいりたいと思っております。どうぞ最後までお付き合いください。

それでは、早速プレゼンテーションにまいりましょう。最初に防災システム研究所所長の山村さんに日本の防災、危機管理について解説をいただきたいと思います。よろしくお願いいたします。

何かが起こらないと報道しないメディア

山村　先ほどもご説明しましたが、私は55年間にわたって現場を回っています。先ほど、河田先生の大変格調の高い基調講演をいただきました。本当なら今日（７月４日）は参院選の公示日ですけれども、各党党首を全員呼んで、ここで河田先生の話を聞かせてやりたいと思いました。聞いた方は、「なかったこと」にするのだろうと思いますが。

日本はどちらかというと「事後対策型国家」だったと思います。「事前対応型国家」ではない。予測して対応するわけではない。防災訓練を取ってみても、どんな訓練をやっていますか。消火訓練、避難訓練、救助訓練。大事な訓練です。でも、よく考えたら全て事後対応型の訓練です。命を守る訓練ではない。私が提唱する「スマート防災」というのは「火を消す訓練の前に、火を出さない準備と訓練をしましょう」「避難訓練の前に、状況別に命を守る訓練をしましょう」「閉じ込められた人を助ける訓練の前に、みんなが閉じ込められない訓練をしましょう」。つまり、災害予防訓練にウエートを置くべきではないか。もちろん事後の対応も必要ですから、先ほどの訓練もやりますが。

山村武彦氏

メディアもそうだと思っています。今の日本のメディアは災害発生後の報道を重点にやる。災害が起こってから一生懸命やる。この間、民放連でその話をいたしました。昨年（2018年）7月の西日本豪雨の時、私は現地へ7日に行きましたがテレビの情報が入ってこない。在京キー局の報道は、土曜、日曜ということもあってニュース番組が少ない。実際に報道していたのは何かと言うと、前日6日のオウム真理教の松本智津夫元死刑囚（教祖名麻原彰晃）らの死刑執行の報道。それから、タイで洞窟に閉じ込められた少年らの救出作業です。西日本で大勢人が亡くなり危険が迫ってきているにもかかわらず、特別警報が11府県に出されているにもかかわらず、メディアは先ほどの日本の国家と同じで何かが起こらないと報道しない。メディアも猛省すべきだと思います。

近助と防災隣組

こう言っていると、15分があっという間になくなってしまうのですが、今日は

大雨で決壊した大王川の復旧作業＝2019年7月4日、鹿児島県南さつま市

「三つの敵に立ち向かう」ということでお話ししたい。私が提唱しているのは、「近助」と「防災隣組」です。先ほど河田先生のお話にもありましたけれど、いろいろな防災文化をどうつくっていくのか。小さなコミュニティーからやるべきだと思っています。

　今年（2019年）、九州南部で豪雨が発生しました。7月2日、気象庁は命に危険を及ぼすような災害が発生する恐れが高まっているとして、命を守るための早めの避難を呼び掛けました。これは異例の会見です。実際には大王川という鹿児島県南さつま市を流れる川が一部決壊しましたが、全体の被害はそれほどではない。3日までですが、宮崎県では既に総雨量は1000ミリを超えています。重大な災害発生の恐れがあるということです。記録的豪雨で「命を守る行動を」と鹿児島市を中心に住民109万人に避難指示が出ました。避難した人の率を県に聞いたところ、0.61％だったそうです。河田先生が話した西日本豪雨の際の0.4％程度と類似している。5段階レベルの避難行動のレベル4で、メディアもかなり呼び掛けはしたのですけれど、実際に避難された方は0.6％しかいない。

　鹿児島市の場合、全市の約59万人に避難指示を出したわけです。本来であれば特定した危険区域だけに避難指示を出すべきかと思うのですが、犠牲者49人を出した「8・6水害」というのが1993年にあって、そのトラウマもあった。危険な状態のとき全市に危険が及ぶのではないか、ということで避難指示を出したのだろうと思います。（避難指示を）出す方の意見も考え方も多少理解はできるのですが、実際にはうまくマッチングしていなかった。要するに、もう少し精度が上がっていかないといけない。避難指示が出たら本当に避難指示に匹敵するような災害だったのかも検証しないといけないのかなと思います。

　昨年7月の西日本豪雨の犠牲者数は237人となっています。上位10県ですと、

広島が115人、岡山66人、愛媛31人と、この３県で大部分を占めている。この３県にどれほど大雨が降ったのかを気象庁のデータから割り出してみると、上位10地点の中には広島も愛媛も岡山も入っていない。つまり大雨が降ったから、それがそのまま人的被害に結び付くような災害になるわけではない。大雨の累積降水量だけではない。72時間の降水量で見ると、上位５地点のうち四つが高知県です。にもかかわらず、高知の犠牲者は３人です。犠牲者と降水量はイコールではない。大雨の降りようと災害の起こりようとの相関関係が、まだ明確にされていない。

　広島、岡山、愛媛は犠牲者数が多かったのですが、降水量の上位５地点、10地点の中に入っていない。こうした点は、これからの検討課題だろうと思っています。避難指示、避難勧告を本当に出すべきなのか、雨量だけを基準に出せばいいのか。そういうことも含めて、考えていかなければいけないのではないかと思っております。

増加する災害弱者

　私は災害現場によく行きます。昨年（2018年）だけでも、海外では台湾の地震、インドネシアの地震、ハワイのキラウエア火山の噴火、あるいは米カリフォルニア州の山火事。国内でも北海道胆振東部地震、西日本豪雨などの現場に行きました。先ほど申し上げたように、現場でなかなか情報を得られない。なぜかと言うと西日本豪雨の時、日曜ということもあったのでしょうが、テレビは大雨について、あまり特番はやらないのです。地震は全国的に対応できる特番対象です。特番というのは特別番組です。コマーシャルもないということもあるのでしょうが、地方局が乗ってくるような要素が必要なのかと。大雨や土砂災害は局地的な災害の一つで、共有できにくいリスクの一つという捉え方をされていますが、異常気象時代は考え直すべきです。

　私が「三つのリスク」と言っている一つ目は異常気象時代、災害激甚化です。最近では死者・行方不明者の出方も含め、中小河川が氾濫するようになってきている。こちらの方が最近は多い。車の残骸が小さな橋に引っ掛かって、せき止めダムのようなものができてしまう状況が市街地でも起きている。こうなってから

避難したのでは、ほとんど間に合わない。

　二つ目は「公助の限界」。全国に6229の消防本部があるのですが、そのうち約2200が洪水・津波の浸水想定区域にあります。そういった点も公助の限界と呼んでいるのです。岡山県倉敷市真備町地区の消防本部は西日本豪雨で１階が完全に水没し、機能不全に陥りました。異常気象、災害激甚化、それに加えて少子高齢化。少子高齢化では災害弱者が増加していきます。西日本豪雨の総括では昨年12月、今までのような「行政主体の防災対策」から「住民主体の防災対策」に転換すべきだと発表されています。そういった公助の限界というものは、もう皆さん理解されているのだろうと。そして三つ目は超高齢化社会の災害弱者急増です。

　広島県三原市本郷町の例です。ここで90代の女性が１人亡くなっていますが、１階の1.5メートルくらい浸水しただけなのです。２階に逃げていれば助かる。ところが２階に逃げる力がない。民生委員や消防団が全部対応できるかというと対応できない。真備町の場合、亡くなった方の８割が災害時の避難行動要支援者、つまり自力避難ができない人です。その自力避難できない人を助けることは、行政の力ではもう無理なのです。ものすごく高齢者が増えていて、全部はとても回れない。だとしたら、近くの住民が助けるしかない。それを実践したのが広島県東広島市黒瀬町の洋国団地です。50戸の一戸建て団地なのですが、土砂災害が起こることを想定して、あらかじめ「お助け担当者」を決めて、誰が誰を助けるかも決めてあった。それで大雨による土砂災害の前に、ほとんどの人を避難させることができた。建物は半数以上が破壊されたのですが、死傷者はゼロだったということです。

互近助カード

　1995年の阪神大震災の時にも、私は救助活動を手伝いました。たまたま大阪にいて、（発生から）２時間後に現地に入りました。調べてみると、兵庫県の監察医の集計では亡くなった人の94％くらいが被災して14分以内に亡くなっている。つまり、早く助け出さないと命が救えない。それができるのは遠くの人ではなく近くの人。「共助」や「公助」も大切だけれど、もっと大事なのは「自助」であり「近助」。近くの住民で近くの人を助けるしかない。

私は防災隣組をつくるべきだと提唱しています。実際、そうしているところもあります。私の提唱を取り入れて「互近助カード」を備え、防災隣組をつくっているのが東京都昭島市のある地域です。ここでは、この互近助カードをみんなが肌身離さず持っている。家族の人数分が発行されていて、協力店でそれを提示すると５％ほど値引きしてもらえ、地域の活性化にもつながっている。こうした「近助」の実践こそが非常に重要になってくるのではないか。私が提唱したいのは「近助と防災隣組」。こういう考え方を、ぜひメディアが取り上げ、広めてほしいと思います。

松本　ありがとうございました。ここで一つ質問させていただきます。さまざまな災害の現場を歩かれて、自分と家族を助ける「自助」、近くの人が近くにいる人を助ける「近助」が重要であるとのお話がありました。こうした防災隣組について各地でお話しされる機会があると思いますが、聞かれた方の反応はいかがでしょうか。

山村　皆さん納得していただいて、「目からうろこが落ちた」という人がずいぶん多いです。どうしていいのか分からなかった。つまり、行政にだけ頼っていても駄目だと。自主防災会というのもあるけれど、災害が発生した時、自主防災会の成功事例というのはあまりない。自分や家族のことで手いっぱいで、組織として被災直後は動けない。それが一段落すると組織も対応して動けるのですが、直後に命を助けることができるのは近くにいる人だけです。われわれがやらなければならないのは、自主防災組織の中あるいは町内会の中に防災隣組をつくることではないか、とおっしゃる方も多いです。
　普段の見守りも含めて高齢化社会で大事なのは、向こう三軒両隣と仲良くすること。意外と隣近所と仲良くできない人もいます。「隣に家が建つと腹が立つ」なんていう人もいます。日本には「結」とかいろいろな形の助け合い文化が根付いていた。災害が繰り返し襲ってきた国だからこそ、みんなで助け合って乗り越えてきた国だと思います。それを具現化していくべきだと思っています。

松本　ありがとうございました。続きまして、危機管理アドバイザーの国崎さん

図1

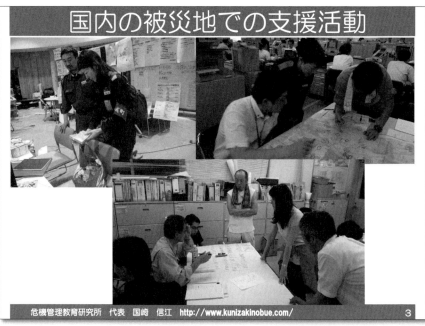

図2

にお話ししていただきます。大地震、異常気象をどう乗り切るかをテーマに、ご自身の支援活動も交えてお話しいただきたいと思います。よろしくお願いいたします。

社会環境、社会構造に見合う防災を

国崎　最もお伝えしたいことは、いつまでも時代遅れの防災対策をしていたなら被害は軽減できないかもしれない、今の

国崎信江氏

社会環境や構造に見合うように防災を進化させていかなければならない、ということです（図1）。

　わが国では科学的な知見が多く蓄積されています。それを家庭、職場、地域、学校の防災教育等に積極的に生かしていくことが重要で、そのためにはメディアの方々のお力添えなくしては成り立たないとも思います。

　この20年間、新聞やテレビ、ラジオ、雑誌などメディアから取材を受ける機会がありますが、その質問内容は「20年間変わっていない」と思います。私が女性だからということもあるのでしょう。「女性の視点、母親の視点、家庭での防災対策は」といったテーマのときに必ず聞かれる質問が、「今、どんなものをそろえたらいいですか」という防災用品の話です。いつまで水や食料という備蓄こそが防災というレベルに留まっているのでしょうか。20年間、全く質問の質が変わっていないと感じます。これは企画を考える担当者の防災に対するイメージが変わってないという事実に尽きると思います。

　首都直下地震あるいは南海トラフ地震は、政府が「国難」と呼ぶように非常に厳しい闘いになるでしょう。その予測被害の規模に対して防災レベルが追い付いていない気がします。単に防災教育を広げるだけではなく、いかに科学の知見に基づいた防災を伝えていくかいう視点が必要だと思います。さらに、家庭の防災力向上には女性の防災意識向上が鍵だと思っています。家選びや室内の装飾、家具や家電製品の選定、レイアウトなどは多くの場合、女性が主導権を握っている

図3

図4

大地震、異常気象をどう乗り切るか

と思われます。だからこそ、家庭の安全対策を向上させるためには、女性にもっと防災の知識を得てもらう必要があります。日常生活の中で防災を意識して過ごす社会にするには、日々の生活に定着させてそれが当然という生活文化を築いていくことが大事だと思っています。子どもへの防災教育に関しましても、家庭における生活習慣の影響はとても大きいと思います。

知らないことで奪われる命がある

　私は災害が起きますと、発災後のできるだけ早い段階で被災地に赴き支援活動をしてまいりました。近年の取り組みとして、被災市町の災害対策本部で災害対応の助言や問題解決のための活動をしてまいりました。例えば、熊本地震の熊本県益城町、大阪北部地震の大阪府茨木市、九州北部豪雨の福岡県朝倉市、そして西日本豪雨の岡山県倉敷市です（図2）。国内だけでなく海外の被災地、例えばスマトラ島沖地震で津波被害の大きかったインドネシアのバンダアチェやパキスタンなどで、子どもたちへの防災教育活動もしてまいりました（図3、4）。

　2004年に起きたスマトラ島沖地震では、活動の中で子どもたちから「どうして津波は黒くて温かいのですか」と聞かれました。一緒に行っていた京都大学や早稲田大学の先生も言葉に詰まりました。津波が黒くて温かいとはどういうこと経験していない私たちは一瞬戸惑いました。その時、早稲田大学の教授は、石油タンカーや車を巻き込んで流れ出した重油の類とか、今まで発熱していたものが一緒に流れ出たため黒くて温かいのだろうと返答されました。加えて、津波に対して「わが国はこういうことをしています」と防災先進国ならでは全国における取り組みを紹介しました。岩手県宮古市田老町（当時）にある日本一の大防潮堤についても紹介しました。インドネシアでは地震の後に津波が来るという知識がなく、避難する意識が低かったことが被害を大きくしたと言われています。インドネシアも日本のように防災教育の普及や津波対策を頑張ってくださいと話をしたのですが、11年に東日本大震災で津波が起きた時（図5）、インドネシアの子どもたちは何を思ったのでしょうか。もしかしたら日本のどこが防災先進国なんだろうかと思っていたかもしれません。わが国の防災科学技術は確かに世界的に見ても上位にあるのは間違いありません。しかし、だからといって国民の防災対

図5

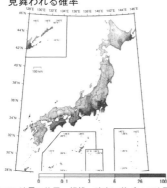
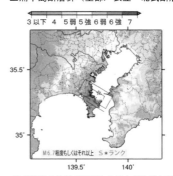

図6

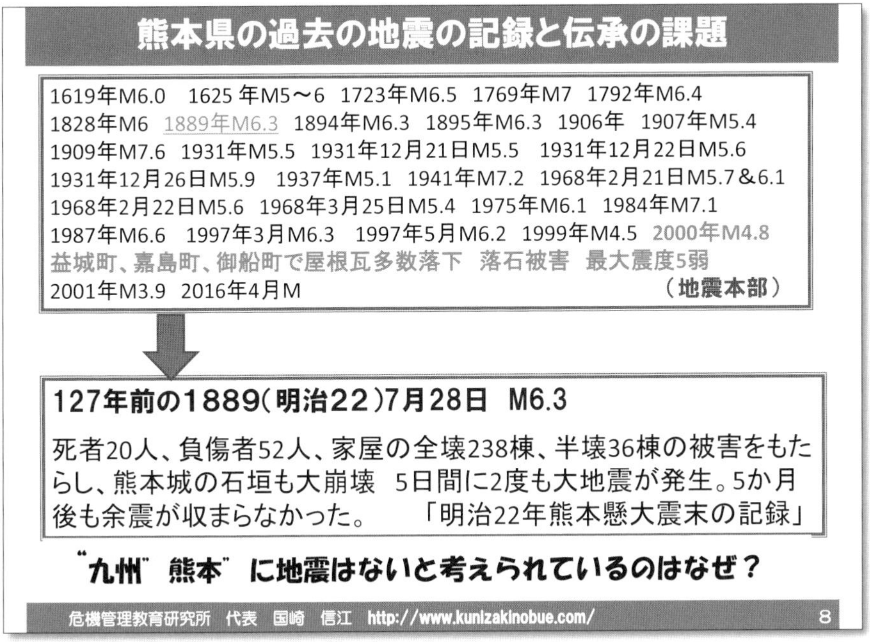

熊本県の過去の地震の記録と伝承の課題

1619年M6.0　1625年M5〜6　1723年M6.5　1769年M7　1792年M6.4
1828年M6　1889年M6.3　1894年M6.3　1895年M6.3　1906年　1907年M5.4
1909年M7.6　1931年M5.5　1931年12月21日M5.5　1931年12月22日M5.6
1931年12月26日M5.9　1937年M5.1　1941年M7.2　1968年2月21日M5.7＆6.1
1968年2月22日M5.6　1968年3月25日M5.4　1975年M6.1　1984年M7.1
1987年M6.6　1997年3月M6.3　1997年5月M6.2　1999年M4.5　2000年M4.8
益城町、嘉島町、御船町で屋根瓦多数落下　落石被害　最大震度5弱
2001年M3.9　2016年4月M　　　　　　　　　　　　　（地震本部）

127年前の1889（明治22）7月28日　M6.3

死者20人、負傷者52人、家屋の全壊238棟、半壊36棟の被害をもたらし、熊本城の石垣も大崩壊　5日間に2度も大地震が発生。5か月後も余震が収まらなかった。　「明治22年熊本懸大震末の記録」

"九州" "熊本" に地震はないと考えられているのはなぜ？

危機管理教育研究所　代表　国崎　信江　http://www.kunizakinobue.com/

図7

策や意識が高いかというとそうではありません。国が調査研究している最先端の防災科学技術と、いつまでも「防災では何をそろえたらいいですか」という、水や食料ばかりを気にしている国民の防災レベルとのギャップは大きく、そのギャップは開いたままです。インドネシアでも日本の被災地でも感じたことですが、災害や防災の知識がないことで奪われる命があります。

　私自身は、政府の特別機関である地震調査推進本部の政策委員会や総合部会の委員でもあるので、国の調査研究の成果を市民の視点に立っていかに伝えれば理解してもらえるか、それを具体的な行動に結び付けてもらえるかを使命として、情報発信してまいりました。例えば、ここに確率論的地震動予測地図があります（図6）。ただ公表しただけでは、どのような情報であるかが伝わりにくい。本来なら、わが国の義務教育は中学までですから、中学を卒業された方なら誰でも理解できるように地図の読み方、伝えたい情報について丁寧に説明すべきですし、私たち自身も災害情報全般に慣れて読解力をつけていかなくては、せっかくの知見もないに等しく、生かされないと思います。

　そのためにも、まずは公表されているあらゆる情報の存在を知ってもらうこと

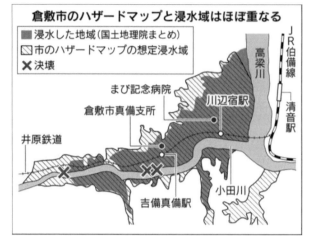

図8

新しく導入された5段階の大雨警戒レベル
避難のタイミングがわかりやすくなった

警戒レベル	住民が取るべき行動	避難の情報	雨の情報	川の情報
5	命を守って！	災害発生	大雨特別警報	氾濫発生情報
4	全員避難	避難指示（緊急）・避難勧告	土砂災害警戒情報	氾濫危険情報
3	高齢者など避難	避難準備	大雨・洪水警報	氾濫警戒情報
2	避難方法 確認	ー	大雨・洪水注意報	氾濫注意情報
1	最新情報に注意	ー	早期注意情報	ー

※レベル1&2は気象庁が発表。レベル3〜5は市町村が発令

図9

が先決です。存在や関心なくして読解力うんぬんの話にはなりません。ですから、新聞社をはじめとするメディアの皆さまのお力添えが欠かせないのです。

　現実として、地震調査研究推進本部では熊本県の過去に発生した地震や今後起き得る地震について公表していたにもかかわらず、九州、熊本には地震はないと多くの方が考えていました。情報があったにもかかわらず、それが伝わっていなかったということです（**図7**）。西日本豪雨の際、岡山県倉敷市は以前から洪水・土砂災害のハザードマップ（**図8**）を公表していたのですが、残念ながら61人（関連死含む）が亡くなりました。国土地理院が示している実際の浸水エリアは、ハザードマップと重ねるとぴたりとはまっています。東日本大震災でハザードマップの信頼性が一時揺らいだわけですが、その教訓をしっかり受け止め、科学的知見で起こり得る最悪な被害想定をしてきた結果が表れていると思います。けれども、どれだけ情報が高精度化しようと見ていなければ意味がないのです。知らないことで奪われる命をなくすため、私は被災地で心が折れそうになる気持ちを奮い立たせて、諦めずに繰り返し災害の実態や防災対策の知恵をお伝えしています。新聞社にもぜひ継続した情報発信をお願いしたいです。

　水害・豪雨に関しましては、今年（19年）から改定された避難情報のガイドラインが運用されています（**図9**）。避難のタイミングが分かりやすくなるように、大雨に関する5段階の警戒レベルが新しく導入されました。今回の九州南部での大雨でも「警戒レベル4、全員避難！」という報道が多くなされました。その効果なのか、大雨の全体の状況から見ても被害は少なかったと思っております。このように、諦めずに伝えていくことが犠牲者を減らすことにつながっていく、という希望が見えたような気持ちも一部あります。

科学的知見反映した防災対策を

　防災対策の基本は自助です。自宅は地盤や建物の強さなど災害を意識して選び、生命と財産を守ってほしいと思います。古い家だから全壊するだろうと思われている方が多い中、熊本地震では新しい家でも全壊しています。一因としては、地盤の弱さがあったとも言われています。今までは新耐震基準の建物であるかどうかが問われておりましたが、プラスして地盤の良しあしが影響するという

図10

図11

図12

ことも、新しい教訓として伝えていく必要があると思っています。

　さらに、たんすや食器棚、本棚という大型の家具だけ固定しておけば命は守られると思っている方もおられますが、「E-ディフェンス」で行われている振動実験の映像をご覧いただいてお分かりのように、高さや重さに関係なく、家具は固定していなければ動くのです（図10）。動き方はさまざまですが、場合によっては人を襲う凶器になり得ることを知っていただきたいと思います。対策としては、できるだけ家具を減らし、減らせない家具は位置、配置を確認して、しっかり固定してください（図11）。私自身も、家の安全対策を実践してまいりまして、家にいてさえくれれば家族は大丈夫と言えるように取り組んできました。

　防災の知識がアップデートされていないことがあるということを冒頭でお伝えしましたが、その例として、地震の際、机の下に潜ればなんとかなると思っている方も少なくありません（図12）。固定していなければ机も倒れるかもしれないということも知っていただきたい。学校の机だって固定していない場合には倒れて凶器になり得る（図13）。机の下に潜る訓練が駄目ということではなく、机の挙動が激しかった場合、その机が凶器になり得る。そうなったときに、どんな行

図13

図14

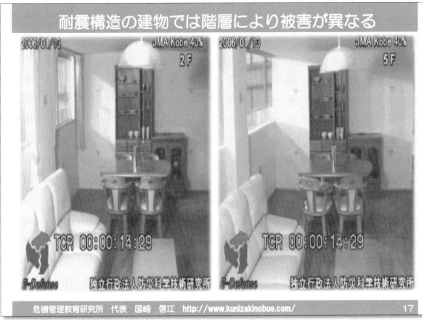

図15

動をしたらいいのかという応用の効く防災教育を推進すべきです。今の防災訓練、例えば避難訓練では園庭、校庭に逃げることを常識のように繰り返していますが、本当に園庭や校庭が安全なのかということを検証した上で避難させているのかを考えておかなくてはなりません（図14）。

　家庭の話に戻りますが、マンションにお住まいなのか、一戸建てにお住まいなのか。そういった居住形態によって被害、あるいは防災行動は変わります。階層が上がれば上がるほど室内の被害が大きくなる場合があります（図15）。居住形態に見合った防災を推進していかなくてはなりません。

　東日本大震災では長周期の揺れによって、震源からかなり離れた大阪市内のビルでも被害がありました（図16、17）。こういったことから、気象庁は長周期地震動における階級を設けたわけですが、これもあまり浸透していないと感じます。耐震性があったとしても非構造部材の被害によって施設が機能を失い、避難所が危険な状態になることもあるわけです。熊本地震の際の総合体育館の写真です（図18）。2回目の地震で天井材がこれほど落ちました。

　最後になりますけれど、こういった情報を知った上で、これで大丈夫だろう、

東日本大震災の際の高層ビル

参考：

震源から770km離れた大阪湾岸（大阪市住之江区）の55階建て高層ビルで地表の震度3にも関わらず、
⇒内装材・防火戸のゆがみ、天井材の落下、
床面の亀裂等の損傷（合計360か所）
エレベーターの停止、閉じ込め
（全32基停止　4基でロープの絡まり）
高層階では体感でいうと震度6強ぐらいだった？？

震源から数百km離れている場所でも高いビルでは10分以上揺れる場合もある
→マグニチュードが大きい地震ほど周期の長い大きな揺れになり周期が長いほど遠くまで伝わる（減衰しにくい）
※管理センターが低層階にある場合、高層階が大きく揺れていることを想像できないことも。

危機管理教育研究所　代表　国崎　信江　http://www.kunizakinobue.com/

図16

超高層マンション・ビルの防災知識

長周期地震動による超高層ビルの高層階の揺れは地表の震度では把握できない！！
地表の揺れが小さくとも高層階では大きな被害が！

震度は、地表付近における揺れの大きさの指標であって、高層階の揺れを対象としているものではない

H24年に気象庁は長周期地震動階級を定めた

「長周期地震動観測情報」で階級3～4の観測情報が出たら高層階で被害が起きてると考える

危機管理教育研究所　代表　国崎　信江　http://www.kunizakinobue.com/

図17

大地震、異常気象をどう乗り切るか

図18

図19

とりあえず机の下に潜れば大丈夫だろう、とりあえず校庭に出ておけば大丈夫だろう、という感覚的な防災ではなく、家庭や職場、学校、地域でこれが最善の答えなのか行動なのか、ということを科学的知見やエビデンスからしっかりと考えて防災に結び付けてください（**図19**）。「自分の命や暮らしは自分で守る」という意識を多くの方に持ってほしいと思います。

松本　ありがとうございました。一つ質問させていただきます。国崎さんの著書『地震の準備帖』（NHK出版）を、私も拝読させていただきました。防災の便利グッズなどの紹介もありますが、それだけではないですよね。家具のレイアウトの仕方など家庭での安全を守る工夫、また外出している時の自分の身の守り方など、さまざまな知恵と安全対策が書かれていて大変参考になりました。家庭の安全は女性の意識が重要だとお話しされていました。女性の方にお話しする機会も多いのではないかと思うのですが、国崎さんがお話しすることによって、聞き手の方たちの意識は変わってきたとお感じになりますでしょうか。

国崎　非常に難しいですね。講演会場に来てくださっている方は、そもそも防災意識が高いのですが、実際は来られていない人の方が多い。その方々の防災意識をどう上げていくかというのは、この20年来、ずっと掲げているテーマです。子どもの命を守らなくてはならないという意識でいる園や学校、企業や行政は非常に高い防災意識で対策を進めています。ただ、こうした組織・団体の防災意識が高くても、住民、子ども、職員にその重要性が伝わっていなければ意味がありません。防災意識だけでなく、どう行動に結び付けていくのか。まだまだ課題はあって、やることはたくさんあるなと思っております。

松本　分かりました。続きまして、気象予報士の半井小絵さんにプレゼンテーションしていただきます。よろしくお願いいたします。

大きな被害もたらした西日本豪雨

半井　今週は梅雨前線の活動が活発になり、九州南部を中心として大雨となりま

した。昨年（2018年）大きな被害をもたらしたのが西日本豪雨です。気象庁では、大きな被害をもたらした災害には被害を記憶に残すために名前を付けます。西日本豪雨は「平成30年7月豪雨」と名付けられ、九州から東海地方にかけて大雨の被害が出ました（図20）。その前年も「九州北部豪雨」がありました。近年、毎年のように名前が付いてしまう豪雨が発生しています。

半井小絵氏

梅雨時期の大雨は梅雨前線が主な原因です。そこにさまざまな要因が加わって大雨となる。西日本豪雨の時は、まず前線に向かって暖かく湿った空気、一つは太平洋高気圧の縁を回るもの、もう一つは西からのものが合流して前線の活動を活発にしました（図21）。それだけではありません。長引く雨の影響をもたらしたのが、前線が同じような場所に停滞してしまったことです。前線は二つの違った性質の空気の間にできます。ここで言いますと、相対的に気温の低いオホーツク海の高気圧、そして南の暖かい空気を持つ高気圧、この二つの空気の間に大きな場で見ると前線ができています。南の高気圧がぐっと強まると前線を押し上げて位置が変わるのに、高気圧がだいたい同じような勢力だったので前線が停滞してしまいました。

加えて、最近よく聞きます「線状降水帯」。局地的に線状降水帯の雨雲が列を成して次々と発生し、数時間にわたって豪雨をもたらす。そうした要因が重なって被害が拡大したわけです。今回の九州の雨は、西日本豪雨と同じような要因が重なって雨を降らせたということです。

最近、短い時間に激しい雨が降ることが増えていると思われるでしょうか。このグラフ（図22）は1976年以降、各地で1時間に80ミリ以上という猛烈な雨の降った回数です。年によって大きく違いますが、70年代から90年代は年間20回以下という年が多かった。それが2000年前後から増えまして、20回を超える年が増えてきている。全般に短い時間に激しく降る雨が増えてきていることが気象庁のデ

第2部　パネルディスカッション

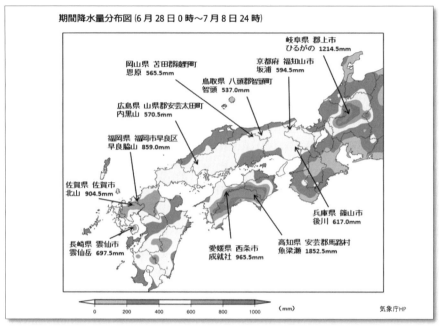

図20

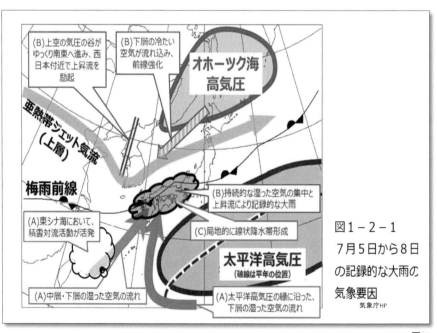

図21

ータによっても分かります。

　私は災害から命を守るために、気象や防災の情報をいかに活用して避難などに
つなげるかということをライフワークとして考えております。私が気象予報士に
なったきっかけは祖母の影響なのです。祖母は昭和9年（1934年）、室戸台風と
いう大きな被害をもたらした台風に遭遇しました。当時は小学5年生で、京都市
にある西陣小学校に通っておりました。その日は朝礼が終わって校舎に入った
時、急に暴風が吹いて2階建ての木造校舎が倒壊してしまい、お友達41人を亡く
しました。祖母は高学年で教室が校舎の2階で、屋根のはりにすっぽりと体が挟
まり、けが一つなく助かりました。それでも、お友達を41人亡くしたというのは
心のトラウマになっていたようで気象に敏感になり、台風が来たり雷が鳴ったり
すると、その情報に注意して私に教えてくれました。それで私は子どもの頃から
気象が身近なものになり、気象予報士になったということなのです。

　今はどうでしょうか。日本の南の海上に台風の卵の熱帯低気圧がある時から、
気象衛星「ひまわり」が捉えるわけです。5日前の予測では予報円が本州を覆う
ほど大きくなってしまうことがあり精度は良くない時もありますが、どこかに影
響するかもしれないということは分かる。こうした情報があふれているので、活
用していただきたいと思うわけです。

ピンとこない名前が多い気象情報

　今日はメディアの方が多いので、ご存じだと思いますが、各地で市民向けに講
演させていただくときに聞く質問があります。「自治体が出す避難の情報に『避
難指示』と『避難勧告』がありますが、どちらの緊急性が高いと思いますか」
と。避難指示だと思われる方は手を挙げてください。ありがとうございます。避
難勧告だと思われる方、ありがとうございます。答えは避難指示です。避難勧告
に手を挙げた方、避難指示だから「まだいいだろう」と思っていると対応が遅れ
てしまいます。

　こちらが現在使われている避難情報です（**図23**）。下に行くにつれて避難の緊
急度が高くなっています。「避難指示（緊急）」「避難勧告」、そして「避難準備・
高齢者等避難開始」。自治体が出す情報は今、この3段階になっています。避難

81

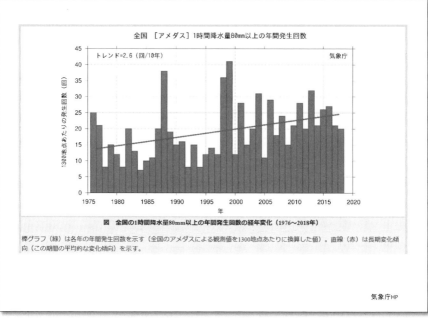

図22

避難情報の名称変更について
（避難勧告等に関するガイドライン　2017年1月改定）

<変更前>　　　<変更後>

避難準備情報　→　避難準備・高齢者等避難開始

避難勧告　　　→　避難勧告　※変更なし

避難指示　　　→　避難指示（緊急）

図23

勧告と避難指示では緊急度の違いが分かりにくいため、避難指示の後ろに「（緊急）」と付いています。メールなどで届く場合は分かると思うのですが、防災無線などで伝える場合は「避難指示」と言うだけかもしれません。ですから、「避難指示と避難勧告どちらの緊急性が高いですか」と聞くと、全国的に半々くらい手が挙がります。最近、行った所では熊本県と高知県は災害が多いので、9割くらいは「指示」の方が緊急度は高い、という結果になりました。やはり、地域性が大きくなっています。

　名称が「避難準備・高齢者等避難開始」「避難指示（緊急）」に変わったのが2017年1月です。16年に台風10号、東北地方の太平洋側に観測史上初めて南から直撃した台風がありました。それまで、太平洋側からの台風の上陸がなく、南からの湿った空気の影響を受けにくい地域だったので対応が遅れ、岩手県岩泉町では川のそばに建つ高齢者施設で逃げ遅れた多くの方が亡くなりました。建物が平屋だったことも被害を大きくしたようです。その時、実は「避難準備情報」という情報が出ていたのですが、意味が分かりにくかったということで避難準備・高齢者等避難開始という名前に変わっているのです。

　情報というのは分かりやすい方がいいのですが、ちょっとピンとこないという名前が多いのが気象情報です。一番緊急度が高いのは「警報」だと思っていませんか。実は違うのです。「土砂災害警戒情報」という情報は、大雨警報が発表されている時に土砂災害の危険性が高まって、さらに危ないとなると出されるのです（図24）。「竜巻注意情報」も同じです。「雷注意報」が既に出ているとします。雷雲が発達して、ひょうとか落雷の恐れがある。しかも、その雲があまりにも発達して竜巻など、もっと危険な状態になった時に出される情報です。注意報の上の「警報」が一番危ない情報というわけではないのです。

　何を申し上げたいのかといいますと、情報というのは正しく内容を知っていないとイメージできないし、行動ができないということです。先ほどの避難情報もそうでした。気象にもこの二つだけでなく、たくさん情報があります。その名称を聞いて「知っている」ではなく、この情報が出たら自分と関係があるのか、関係があるのなら、どういう行動を取ればいいのかということを普段からイメージしておくことが大切だと思っています。

　こちらが5月末から運用されている警戒レベルの表です（図25）。とても難し

土砂災害警戒情報

大雨警報発表中に大雨で
土砂災害の危険性が高まった時、
都道府県と気象庁が共同で
市町村単位で発表する情報。

竜巻注意情報

竜巻などの激しい突風が
予想される気象条件の時に発表。
雷注意報の補足情報。

図24

図25

いですが、活用できるのは「警戒レベル4」の「4」という数字です。この数字が出ると全員避難しなければならないし、身を守る行動を考えてください。自治体の避難情報に頼るだけでなく、自ら進んで避難行動を取ることが重要です。ただ、問題点もあるので指摘させていただきます。先ほど避難勧告、避難指示では緊急度の違いがあるとお話ししました。避難勧告は「避難をお勧めします」、避難指示は「避難してください」。それがレベル4のところに避難勧告と避難指示（緊急）の両方が入ってしまっている。自治体はとても困惑しています。自治体はどの地区に避難指示を出すか、避難勧告を出すかを細かく見ている。防災担当の方に聞くと、住民の命が関わっているから震える思いで出すこともあるそうです。それなのにレベル4に両方入っている。「警戒レベル」ということで情報が追加になりましたが、情報がたくさんあり過ぎて何が何だか分からないという声も上がっています。もっと整理する必要があるのかなと思っています。

災害とメディアの役割

　話が気象から地震にそれるのですが、私は阪神・淡路大震災（阪神大震災）の時、兵庫県伊丹市内で被災しています。震度7を経験しております。寝ていたのですけれど、宙に浮いたところで目が覚め、ゆっくりベッドに落ちていった。ベッドにしがみついていないとはじき飛ばされるくらいの強い揺れでした。今、考えても恐ろしい。東日本大震災の地震は直下型とは違うのですが、被害に遭われた方がどんなに恐ろしかったかと思うと、ひとごとではないと感じました。

　その阪神大震災の時、伊丹市内はその日のうちに電気が復旧しました。水道が3日後、ガスは約1週間後。お風呂が大好きだった祖父は寒い中、ずっと我慢していました。ようやくガスが復旧したのでお風呂に入ったのですが、その中で倒れて他界しました。そのため、震災関連死ということになっています。あまりにも苦しい思い出なので誰にも言えなかったのですが、ようやく最近、話せるようになりました。災害はそれまでの生活を全部ぶち壊してしまう。私もそうした経験をしておりますので、防災意識についてしっかりと伝えていきたい。

　災害に遭われた方に聞くと、やはり「自分だけは大丈夫」とみんな思っていたと言うのです。災害はいつどこで起こるか分かりません。ですから、いかに自分

のこととして考えられるか、そう考えられるように伝えていくことがメディアの大きな役割の一つではないかと思っております。まだまだお話ししたいことがあるのですが、時間になりました。ありがとうございました。

松本　ありがとうございました。ご自身が被災された経験からの話や、避難情報の読み方を詳しくお話しいただきました。昨年（2018年）は非常に気象災害が多かった。こういった異常気象、気象災害は今後、増えると予測されているのでしょうか。また、この夏の天気についても付け加えていただけますか。

半井　異常気象の頻度と言いますと、先ほどお示しした大雨の傾向などを見ても増えている傾向です。世界的な研究によりますと地球温暖化の影響で、異常気象は今後も増える恐れがある。身近なところで言いますと夏の気温です。昨年も最高気温記録を更新しました。埼玉県熊谷市で41度１分。夏の暑さなども頻繁に記録を更新しているので、今後も更新するのではないかと個人的には思っております。

　この夏の傾向ですが、気象庁の長期予報によりますと７月は全国的に降水量が平年並みか多いという予想になっております。これは、太平洋高気圧が前半はそれほど強まらないため、太平洋高気圧の縁を回って湿った空気が入りやすく、前線が停滞しやすいためです。１カ月予報では、それが原因で７月20日くらいまでは雨の量が多いという予想になっており、北のオホーツク海高気圧も強いということで、気温が低めというのが傾向です。ただ、20日以降くらいから西日本、東日本、沖縄、奄美では晴れる日が増えてくる。関東地方では例年、夏休みが始まる頃に梅雨が明けるのですが、オホーツク海高気圧が強いままだと遅れる可能性もあります。今のところ、20日くらいから東日本では晴れる日が増えそうかなという予想になっております。

松本　ありがとうございました。続きまして共同通信社の所澤さんに「災害と報道」の観点からプレゼンテーションをいただきたいと思います。よろしくお願いいたします。

報道は災害を減らすために何ができるか

所澤 よろしくお願いいたします。先ほど災害の現場におじゃまするようになって28年という話をしました。私の災害取材のきっかけは、平成3（1991）年の長崎県の雲仙・普賢岳の噴火です。この火砕流で43人の方が亡くなり、うち16人がマスコミ関係者だった。私もこの数日前まで安全だと思い込んでいたその場所に

所澤新一郎氏

おりました。あまりにも無知だったというか、不勉強だったということを突き付けられたわけです。

　災害があると、大量の応援記者が現場に行くのですが、この時は応援ではなく地元長崎支局の記者でした。火山取材というのは、どうしても長期化する傾向があるわけで3年間向き合わざるを得なかった。応援のようにパッと行って帰ってくるのではなく、3年間、地元で毎日火山の活動を報じながら災害の勉強を始めました。

　「災害と報道」という観点で申し上げますと（図26）、この雲仙で、たくさんのマスコミ関係者が亡くなったこともあって、報道各社は災害時の取材活動の在り方を考えるようになったのだと思います。報道スタッフの安全管理をしっかりしなければいけないのだと突き付けられた。

　それぞれの災害のたびに、いろいろなことを学んできました。先ほどから話が出ている阪神大震災では、たくさんの方が倒壊した家屋の下敷きになったわけです。命を守るためには、何より耐震化が必要だということを学んだ。災害が起きたときにだけ原因を分析するのではなく、普段から啓発というか、災害を減らすために報道として何ができるか。そういう課題を阪神大震災は突き付けたと思っております。

　阪神大震災には、ほかにも特徴があります。例えば生活情報。これは新聞の一つの特性かもしれませんが、ライフラインがいつ再開するとか、どこのスーパー

災害と報道

▼1991雲仙・普賢岳火砕流
「災害時の取材活動」「報道スタッフの安全管理」
▼1995阪神・淡路大震災
「平時からの減災報道」「生活情報」「長い復興過程」
▼2000有珠山噴火
「研究者×行政×住民×報道」「事前の啓発キャンペーン」
…

図26

災害と報道

▼2018大阪府北部地震
・都市型災害
・ブロック塀の犠牲また
・屋根瓦とブルーシート

▼2018北海道胆振地震
・道内停電、立体駐車場から取材車両出せず
・SNSのデマを否定する役割

図27

がいつ再開するとか、地元の方が欲している情報を、何度でも見ることができる「新聞」という形で生活情報として示す。大きな災害のたびに、この生活情報が紙面になりますが、それも阪神大震災から始まった。

災害は起きただけでも大変なのですけれど、その後に長い復興の過程があります。阪神大震災では仮設住

大阪府北部地震で倒壊した高槻市立寿栄小のブロック塀＝2018年6月

宅や災害公営住宅で、孤独死という問題も出てきました。たくさんの問題を突き付ける長い復興の過程をフォローする必要がある。そういうことも阪神大震災で学ばせていただいたと思っております。

2000年の北海道・有珠山の噴火の話です。有珠山では犠牲者がゼロでした。研究者や行政、住民あるいは報道、この四つの極がいい連携をしたのではないかと、噴火予知が成功したケースとしてよく取り上げられます。噴石が爆弾のように市街地に降り注ぎました。避難していなければ大変なことになっていた。ただ地元では、この5年くらい前から、いざという時に備えた報道の啓発キャンペーンがかなり盛んでした。住民の方に逃げていただく意味でも、報道と研究者、行政の良い連携関係が功を奏したと言われています。

屋根瓦とブルーシート

東日本大震災の報道にも携わってまいりましたが、時間の関係もありますので最近の報道に飛びたいと思います（図27）。

昨年（2018年）6月18日の大阪府北部地震。ここで悔しい思いをしました。一つはブロック塀で、倒壊して女の子が亡くなりました。ブロック塀が問題になったのは1978年の宮城県沖地震で、都市型災害だったと言われています。私は仙台

2018年6月、地震で被災し屋根がブルーシートで覆われた家屋＝大阪府高槻市（共同）

に2回勤務して、この問題を取り上げてきました。こういう悲しい事故が起きないと事態、あるいは制度改正が前に進まないことに直面し、悔しい思いをしています。

　屋根瓦とブルーシートの問題。これは先月（6月）ありました新潟と山形の地震でも同じ問題になりそうなので紹介したいと思います。大阪府の高槻市とか茨木市におじゃますると、今でも屋根に架かったブルーシートがたくさんあります。業者が足りなくて本格修理ができるまで、ブルーシートでしのぐわけです。劣化するので数カ月ごとに取り換える必要があります。高い屋根の上での作業で、かなり危険が伴うので、お年寄り1人では無理です。ボランティアでも専門性が求められます。6月の新潟・山形の地震でも同じ問題が起きていると聞いております。こうしたことを、業者やボランティアでしのいでいる現状は無理があるのではないか。大阪では本格的な修理で屋根の瓦をふき替えるまで、2、3年待ちと言われています。首都直下地震のときはどうなるのか。もっとこういう状況を伝えなければいけない。

　昨年は西日本豪雨がありました。北海道胆振東部地震もありました。北海道のメディアは千島海溝巨大地震に備えて、いろいろな準備をしてきたのですが、地震が起きた時に直面したのは道内が全域停電（ブラックアウト）になったことでした。災害現場に車を出そうとしも、立体駐車場などで電源が動かないため、中継車や取材車両が出せないということに直面したと聞いております。道庁所在地を含め、全域で停電になるという事態を想定しなければいけなかったと。

　会員制交流サイト（SNS）。昨今、災害が起きるたびに「ライオンがおりから逃げた」といったデマがSNSで飛び交います。昨年は既存のメディアである新聞やテレビ、ラジオがデマを打ち消す役割にかなり貢献したと言われています。積極的に報じることで普段では考えられないような反響があった。正確な情報を

大地震、異常気象をどう乗り切るか

災害直後の報道

- 全体像、被害の全容を提示→震度、死者、全壊家屋、避難者数
- リアルタイムで重大性を発信→政府や日本国内、海外に
- 救援、支援の必要性発信→救助、義援金や救援物資、ボランティア
- 安否情報、亡くなった方々の氏名
- 犠牲者、遺族
- ライフライン、生活情報
- 科学的メカニズムの解説
- 被災地が抱える問題の提起→世論喚起や制度改正
- 犠牲の教訓後世に→次の被災地」の対策に
- 「社会はあなたを忘れていない」メッセージ

図28

伝えていく。その原点に立ち返っていくと、デマが飛び交って不安でいる方のところに、一つ安心を投げ掛ける役割もあるのかなということを学びました。

この間の経験をまとめますと、災害直後の報道はいろいろな面があります（図28）。全体像をいち早く提示する。被害の全容を早く示すために、たくさんの電話取材、直接取材で震度や亡くなった方の数、全壊家屋の数、そういったことを一生懸命報じるわけです。リアルタイムでできる限り重大性を早く発信して、政府や日本国内あるいは海外も含めて、救援・支援の必要性を訴えていきます。

東京電力福島第１原発事故があった時、事前協定では事故発生の際は地元の関係自治体に連絡があるはずだったのに、直接連絡があったのは立地していた福島県の双葉町と大熊町だけだった。私が聞いたところでは、富岡町、浪江町などの役場の方々は、爆発の模様を報じるテレビの映像を見て避難を決断した。報道の在り方でも原発事故はいろいろ課題を残しましたが、リアルタイムで重大性を発信することを心掛けています。

それから安否情報。避難した方がどこにいらっしゃるのか。あるいは亡くなった方の氏名を報じていくことは地域にとっても大きな関心事です。犠牲になった

91

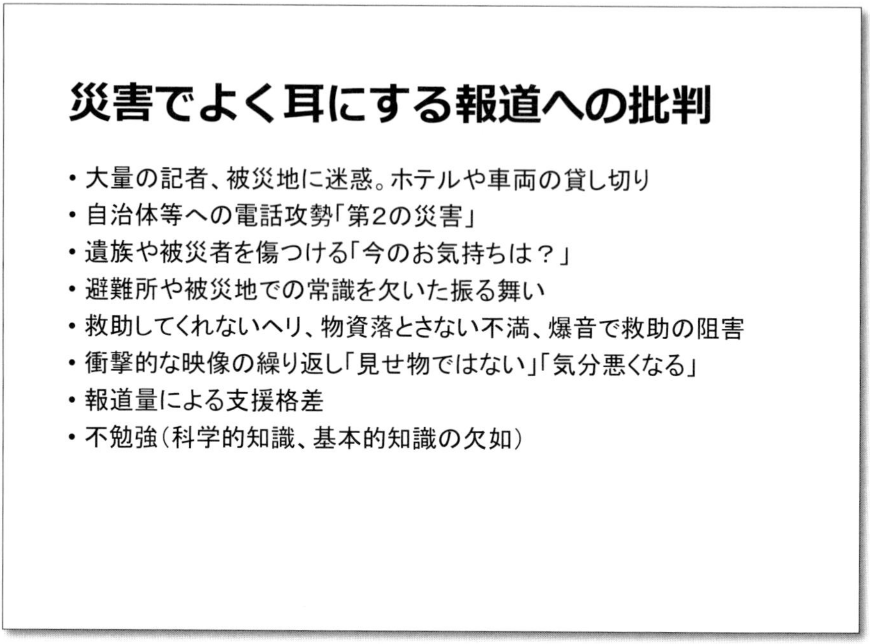

災害でよく耳にする報道への批判

- 大量の記者、被災地に迷惑。ホテルや車両の貸し切り
- 自治体等への電話攻勢「第2の災害」
- 遺族や被災者を傷つける「今のお気持ちは？」
- 避難所や被災地での常識を欠いた振る舞い
- 救助してくれないヘリ、物資落とさない不満、爆音で救助の阻害
- 衝撃的な映像の繰り返し「見せ物ではない」「気分悪くなる」
- 報道量による支援格差
- 不勉強（科学的知識、基本的知識の欠如）

図29

方の遺族でお話ししてくださる方がいれば、その方が生きていた、かけがえのない人生を過ごされていたことの証しを伝える。犠牲になった方からの教訓で、何か後世に生かせるものはないのか。次の被災地への対策としてできることがないのか。そういったことも探してまいります。ライフラインの復旧や生活情報をまとめて伝え続けることが、阪神大震災から始まったことはお伝えした通りです。

それと科学的メカニズムの解説です。マグニチュード（M）9の地震がどうやって起きるのか。あれだけの巨大な津波が、どう起きるのかということも伝えていきたい。今回の豪雨も同様です。被災地が抱える問題の提起もしていきます。個人的には「社会はあなたを忘れていない」、こういうメッセージも報道の中に盛り込んでいるつもりです。

報道への批判

こうした報道は伝える意義があると思って一生懸命やっているわけですが、現場ではいろいろ批判を耳にします（図29）。幾つか挙げますと、大量の報道陣が

いますので、そのこと自体が地元では非日常の風景をつくります。ホテルの部屋を大量に貸し切った、タクシーを貸し切って地元の人や救援関係者が動けない、という批判もよく伺うところです。あるいは、現場でどたばた対応している自治体に電話攻勢する。これは「第2の災害」とも言われています。ステレオタイプな「今のお気持ちは？」など、大切な人を亡くした方や思い出が詰まった家をなくした方を傷つけるような言葉。マナーの問題もいまだにあるように聞いております。

　ヘリコプターの問題もあります。救助に来てくれないとか、上空を旋回しているだけで救援物資を落としてくれないとか、SOSを出しているのに撮影するだけとか。爆音で救助が阻害されるという話も阪神大震災の時にありました。衝撃的な映像の繰り返しもそうです。私は東北におりましたが、お話を伺ったある方は「津波の映像が映ると、すぐチャンネルを変える」と今でもおっしゃっています。見せ物ではないとか、気分が悪くなるとか人それぞれですが、そういった思いをいまだに抱えている方もいます。

　報道量による支援格差。私たちはどうしても被害の大きい所に出向きます。東京目線で見ると被害は軽微かもしれないけれど、災害が起きるというのは地元では大変なことです。東日本大震災で聞いた話では、犠牲者の数があまり変わらなくても、報道量が多かった自治体には少なかった自治体より義援金が8倍届いたという話もあります。ボランティアの数も違ってきます。この報道量の問題というのも、なかなか悩ましい。「記者さん勉強していないね」という話は、いろいろな研究者の方から聞きます。

　先ほど低い避難率の話が出ました。うちは大丈夫という思い込みとか、過去に小規模な災害経験があったばかりに、今回も同様だろうという思い込みもあったのではと言われています。メディアの人間として考えなければいけないこともあります。研究者の現場アンケートで「避難の呼び掛けで、何が避難の決め手になりましたか」と聞くと、報道あるいは行政の呼び掛けもそうなのですが、そういった情報だけでは説得力が弱いということが見えてきました。消防団とか、地域の方の話がありましたが、そういった声掛けとセットになることが効果的なのだと。人は情報だけでは動かないのかもしれない。もちろん情報にもすごく意味がありますけれど、そういったものと声掛け、地域の力がセットになっていくこと

南海トラフ巨大地震の情報

- 東海地震のみ対象の「東海地震に関連する情報」やめた
- 気象庁が2017年11月から新情報を導入
- ▼南海トラフ地震に関連する情報（定例）
- ▼南海トラフ地震に関連する情報（臨時）
- 東海地震情報のような断定的情報ではなく不確実性
- 気象庁、今年5月31日に名称変更
- ▼南海トラフ地震関連解説情報
- ▼南海トラフ地震臨時情報

図30

南海トラフ地震臨時情報

以下のいずれかに該当する場合に発表

〇南海トラフ沿いで異常な現象が観測され、その現象が南海トラフ沿いの大規模な地震と関連するかどうか調査を開始した場合、または調査を継続している場合。
〇観測された現象を調査した結果、南海トラフ沿いの大規模な地震発生の可能性が平常時と比べて相対的に高まったと評価された場合。
〇南海トラフ沿いの大規模な地震発生の可能性が相対的に高まった状態ではなくなったと評価された場合。

図31

が必要だと思っております。

南海トラフでも今、目まぐるしく国の政策が動いております（図30）。5月31日からは「南海トラフ地震関連解説情報」「南海トラフ地震臨時情報」という名前にまた衣替えしました。弊社としては、臨時情報で「南海トラフ地震と関連するかどうか調査を始めた」という時点からスイッチを入れようと思っています（図31）。「そこから大きな災害につながる可能性がある」と考えるとスイッチを入れざるを得ないと思っています。一方、地震予知の問題があります。これが機能するかどうか、この臨時情報が出るかどうかは、なかなか悩ましい問題です。基本的には、地震というのは予知できず、突然やってくると思って対処すべきで、それに備えて家具の固定などをするべきだと思っています。臨時情報の仕組みが強調され過ぎると、かえって「『地震は突然来る』と思っていた方がいい」というメッセージが伝わらないのではないかと懸念しています。

平時からの学習も各地で始まっていますので、またどこかで紹介できればと思います（図32）。時間が来ましたので、とりあえず終了します。

松本　ありがとうございました。一つ質問させていただきます。平時からの学習として、報道関係者と災害研究者との懇話会のお話をお聞きしました。実際に災害が発生した地域で、こうした懇話会をつくる働き掛けをメディアの側からされたのでしょうか。もう一つ、研究者との顔の見える関係を構築することにより、災害報道に良い影響があると実感されますか。

所澤　ありがとうございます。こういった活動が盛んなのは札幌、仙台、名古屋、大阪、福岡といった辺りかと思います。災害の問題に取り組んでいる研究者や防災機関の方とメディアの人間。普段は競争相手の同業他社、ライバルですが、その枠を超えて勉強し、夜はワイワイやる。研究の情報提供があるわけですが、どこも大体ルールが一緒で、基本的にはオフレコ扱いです。聞いて、すぐ出し抜いて書くのではなく、一緒にまず勉強しましょうと。取材をしたいのであれば、改めて取材する。そういうルールを今、申し上げた都市の勉強会では聞きます。研究者の方から呼び掛ける勉強会が多いようですが、最近災害が起きた所でも、こういう仕組みが始まるといい。今は、研究者が多い大きな都市が中心です

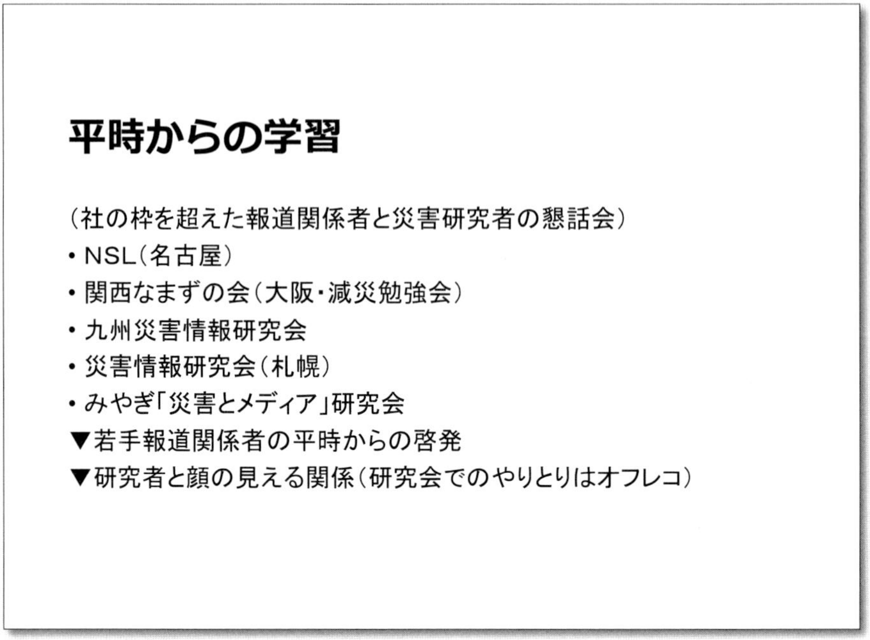

第2部　パネルディスカッション

平時からの学習

（社の枠を超えた報道関係者と災害研究者の懇話会）
- NSL（名古屋）
- 関西なまずの会（大阪・減災勉強会）
- 九州災害情報研究会
- 災害情報研究会（札幌）
- みやぎ「災害とメディア」研究会
- ▼若手報道関係者の平時からの啓発
- ▼研究者と顔の見える関係（研究会でのやりとりはオフレコ）

図32

が、非常に意味があると思っています。報道の人間はそれほど災害に携わったことがないわけです。災害は勉強しなければいけないことがたくさんあって、起きてから慌てふためいて勉強するのでは遅い。一から勉強するのでは遅い。普段から勉強して慣れておくべきかと。私たちは研究者の方、関係機関の方からよく取材させてもらうわけですけれど、顔の見える関係が普段からできていると、踏み込んだ話もしてもらえるし理解もできる。これは、記者教育的な意味も非常にあると思っています。

2. 質疑応答

松本　ありがとうございました。ここからは参加の皆さま方から事前にいただいた質問も織り交ぜながら、「大地震、異常気象をどう乗り切るか―しのぐ力育むメディア報道―」についてパネリストの方々と討議してまいりたいと思います。まず山村さんに80代の男性からの質問です。「巨大地震ならびに集中豪雨が発生した場合、大都市における超高層ビルや高層ビルに囲まれた住民の生活の避難場

96

所は確保されているのか」。いかがでしょうか。

闘う訓練も大事

山村　確保されていません。というよりも、全部の人が避難する場所なんてないわけです。これからの防災は「逃げる、守る防災」から「安全な場所に住む防

津波が押し寄せた宮城県岩沼市で、停電した市民会館に避難した人たち＝2011年3月11日（共同）

災、安全な場所にする防災」にシフトするべきだと思っています。すぐにはできないことですが、では何が問題か。防災訓練では逃げる訓練ばかり繰り返しやっているわけです。小中学校への避難訓練が基本的な防災訓練の一つになっています。これはこれで大事ですが。

　阪神大震災で救助活動を手伝っていた時のことですが、周りに家がたくさんあって何でもない家もあるのに、そこで救助活動している人は1人しかいなかった。「周りの人はどうしたのですか」と聞いたら「たぶん避難所に避難したと思います」と。行ってみたら公園とか学校は結構、いっぱいです。その時には生き埋めの人が随分いた。繰り返し小中学校へ逃げる訓練をやっているから、地震が発生したら小中学校に逃げなければいけないのだという刷り込みが発生していると感じました。津波とか二次災害の恐れがあれば直ちに安全な場所へ脱出するのは当然ですが、身の安全が確保できていて元気な人は逃げては駄目でしょう。みんなが逃げたら、誰が火を消すのですか。誰が生き埋めの人を助けるのですか。

　逃げる訓練と合わせて、闘う訓練も大事だと思っています。逃げない方がいいですよというのは、一時的には避難場所と避難所があります。先ほどの質問は避難所のようですが、「避難場所」というのは一時的に様子を見る場所ですから、誰が避難してもいいわけです。他方「避難所」というのは、一定期間生活をする場所です。避難生活をする場所は限られた数しかないわけですから、家が壊れていなければ、原則的にその後は家で暮らすことが前提です。電気やガス、水道、

電話が止まっていても自分の家の方がよく眠れます。熊本県益城町で避難されていた方が書いた日記を読みますと、2時間待ちの汚いトイレに行くのがいやだ、毛布1枚で冷たくて痛くて寝られない。その方は4日目に高熱を発して病院に搬送されたのですが、丈夫な方だったのです。その丈夫な人でさえトイレに行けない、睡眠も取れない。熊本地震では直接地震で亡くなった方は50人、関連死として避難生活で亡くなっている方が212人と4倍もいるわけです。東日本大震災で3700人、阪神大震災では919人の方が関連死している。

避難生活がいかに過酷で劣悪な環境かということだと思います。避難する場所がそんなにないとしたら、高層マンションで備蓄があるなら籠城生活するしかない。電気やガス、水道が止まっても、そこで暮らしていく準備を自力でやらなければいけない。この間、東京の江東5区で水害が発生した時、「この町にいてはいけません。250万人全部が出ていってください」と発表されました。自治体の切迫した危機感を表しています。先ほど申し上げたように公助の限界なのです。元々それほど行政は万能ではないし、被災時に住民を全部受け入れてケアできる能力があるわけではない。小さな規模の災害だったら対応できる。でも、大規模災害にはまず難しいと思って、安全なマンションだったら2週間程度の備蓄で籠城作戦を含め、自力で生き延びることを考える。その準備が必要だと思います。

松本　ありがとうございました。続きまして国崎さんへ70代の男性からの質問です。「震度6から7程度の大地震が発生した場合、一戸建て、高層マンション、高層ビルなど、それぞれの耐震基準によって避難の仕方は変わるのでしょうか。外に逃げるのではなく、室内にいた方が安全な場合もあると思います。地震に遭った瞬間、どう判断すればいいのでしょうか」。国崎さん、安全退避ゾーンをどう判断すればよいてしょうか。

地震が起きた瞬間には何もできない

国崎　先ほど軽く触れましたが、居住形態によって事前の備えや初動行動は変わると思っています。例えば、一戸建てで耐震性が低いとか、地盤がよろしくないといった場合、1階にいてテーブルの下に潜って救われるのかというと難しいこ

ともあるでしょう。はってでも転がってでも、多少のけがは覚悟の上で、外に出た方が救われるケースもある。とはいえ、1階に降りて外に出ようとするより、2階にいた方が救われるケースもあります。ですので、まずは自分の住んでいる所、働いている所の地盤と建物の耐震性。それから、地震が来たときにどう揺れるのか。高層建物でしたら特に上階層などの被害予測を含めてしっかり考えていただきたい。

強い地震のため、1階部分が押しつぶされたマンション＝2016年4月、熊本市

　先ほどは詳しく説明できなかったのですが、免震、制震、耐震と、揺れから建物を守る備えはありますが、一般的に普及している耐震構造の場合、階層が上がれば上がるほど、室内の被害が大きくなる傾向があります。同じ建物の2階と5階では、同じ地震を受けたとしても室内の被害は変わってくることがある。これを踏まえると、1階や2階といった低層にお住まいの方と、高層階にお住まいの方の防災対策が同じであるはずがないということに気付いていただけると思います。「マンション防災」とざっくり語るのではなく、地盤情報であったり、建物の情報であったり、階層であったり、これらの情報に加えて自分は何階に住んでいるのだから、こうした対策をしなくてはいけないのだと理解し、家具の固定など適切な暮らし方をしていただきたいと思います。

　地震が起きた瞬間に何ができるかというと、何もできないと思った方がいい。起きてから最善を尽くそうとしても限度がありますので、事前に対策をしておく意識を持っていただきたいと思います。

松本　ありがとうございました。続きまして半井さんに3人の方から質問がありますので、まとめてお伺いします。60代の男性お二人から同じ質問で「地球温暖

化と異常気象に因果関係はあるのでしょうか」。70代の男性からは「頻発する異常気象による被害と、CO_2（二酸化炭素）による温暖化現象との間に因果関係は本当にあるのでしょうか」。この方は、温暖化だから異常気象になるとは思われませんとお考えです。先ほどのプレゼンテーションでも少しお話しされましたが、いかがでしょうか。

地球温暖化と異常気象の因果関係は

半井　温暖化と異常気象とで関係があるかと言えば、あると思っています。なぜなら雨雲の元というのは水蒸気です。気温が上がれば上がるほど水蒸気（暖かい空気）を多く含みます。気温が上がって暖かい水蒸気を多く含む空気が上空に持ち上げられていくと、だんだん冷やされて凝結し雲ができます。その雲粒が大きくなると雨粒になって地面に落ちてくる。ということは、水蒸気が多く含まれている暖かい空気があればあるほど、雨がザーッと降る。地球温暖化で気温が上がると、空気中に含まれる水蒸気が増えて大雨の恐れが高まると考えています。海水温の上昇も大きな影響がある。台風のエネルギー源は暖かい海からの水蒸気です。日本近海の海水温度が高くなればなるほど、近づいた台風はエネルギーの補給を受け続けて発達したまま日本に接近、上陸するという恐れがあります。地球温暖化に伴って海水温が上がると、発達した台風が日本にやってくる恐れが増えるということにもなります。

　もう一つの質問のCO_2に関しては、温室効果ガスにはフロンやメタンなどもあります。太陽活動に伴って、地球の温度も変わるという学者もいます。しかし、世界的な研究者の発表によると、産業革命後にCO_2の排出量が増えて、それによって気温が上昇しているという研究が出されております。IPCC（気候変動に関する政府間パネル）の第5次報告では、1880年から2012年までの間に、地球の平均気温は0.85度上昇している。その地球温暖化が、人間の活動によって引き起こされた可能性が95％以上という報告が出ています。大気中のCO_2とかメタン、一酸化窒素のような温室効果ガスが過去80万年間で、前例がないほど増えているというリポートも出ています。ですから、CO_2が地球温暖化の大きな原因の一つであると考えられるのではないかと思います。

松本 ありがとうございました。続きまして所澤さんに70代の男性からのご質問です。来年（20年）の東京五輪の時に災害が発生した場合の備えは万全と言えるのでしょうか。いかがでしょうか。

2020年東京五輪・パラリンピック期間中の安全を確保する方法を話し合う会議＝2018年7月17日、東京都庁（共同）

東京五輪の災害対策

所澤 ご質問ありがとうございます。来年の7月24日ですか、五輪開幕まで1年が近づいてきています。関係者が万全と思い込んでいるとは思いたくない。いろいろな災害が想定されるわけです。この時期は必ず台風が来ると思っていた方がいい。海の競技、セーリングの江の島（神奈川県）とかサーフィンの一宮町（千葉県）などがありますが、そういった所では津波を想定した訓練を重ねていただきたいと思います。期間中にどれくらいの地震があるのか分かりませんが、地震を経験したことがない外国人がたくさんお見えになる。そういった方々が大きな揺れを感じると大きな混乱が予想されます。誘導も含め、多言語での情報発信を備えてほしい。五輪の組織委員会が、今年の夏をめどに災害やテロなど、会場ごとの避難計画をまとめるそうです。その中身をきちんと見ていきたいと思います。

　既存の施設には避難計画があると思うのですが、先ほどから話が出ているように、この国には全体を見る司令塔がいない。どう人が動くかとか、そういった全体像を考える人が防災行政の中にもなかなかいない。五輪の災害対策というのは、考えが尽きないくらいの話だと思っています。

松本 先ほどの所澤さんのプレゼンテーションで、メディアがSNSで、災害が起きた時のデマの氾濫を打ち消していったというお話をされました。誤った情報を正すメディアの姿勢は、信頼性の向上につながったのではないでしょうか。災

第2部　パネルディスカッション

パネルディスカッションの模様。（左から）松本真由美、山村武彦、国崎信江、半井小絵、所澤新一郎の各氏

害時におけるSNSについて、所澤さん以外のお三方に、どう活用したらいいのかお話を伺えればと思います。山村さん、いかがでしょうか。

山村　基本的にSNSは災害時に限らず、有効な文明の利器だと思います。ただそれがデマという形、チェーンメールのような形で悪化する。所澤さんからお話があったように、北海道の地震の時、いろいろなデマが拡散した。それを打ち消すSNSや対応の仕方を発表している自治体もありました。いずれにしてもツールですから、使い方によって有効になったり、悪用されたりという形になる。普段から災害時におけるSNSの利用法についての勉強会を自治体を含めて進めていく。それをメディアがもう少し繰り返しやっていく。メディアの場合、災害が発生するとアドレナリンが上がるのですが、普段はほとんど上がらない。事前情報を伝えて、災害時にパニックにならないよう、悪用などの問題が起こらないよう普段からやらないと、災害時にやろうと思ってもまず無理です。そういったところをメディアに期待したいと思います。

松本　同じ質問で、国崎さんはいかがでしょうか。

国崎　政府が戦略的イノベーション創造プログラム（SIP）の国家レジデンスSIP を行っておりまして、SNS の情報予約システムというものを研究・開発しているわけです。ツイッター上の災害関連情報を自動で抽出予約してデマの判断材料となる矛盾情報を検出し、それを関係機関に「この情報なら信じて大丈夫です」と伝えるようなことが研究、開発されています。これは、災害が起きた時に動きながら研究開発をしています。

　北海道胆振東部地震では、1 日に約800万ツイートありました。この中から、災害関連情報が850回自動抽出・検索されました。具体的には、デマの判断材料である矛盾情報を検出して、それを救助活動に生かしてもらう。政府はこういったことをしていますので、皆さまが善意で出してくださる情報の利用・活用ができているということを知っていただきたい。一方、私たち国民一人一人が被災者になったときも、支援側になったときにも、先ほど山村先生がおっしゃったように SNS の信頼性について判断し、対応できるようにしていくべきだと思っております。先ほどの研究成果はいずれ国民の皆さまにも、あまねく活用されるシステムになっていくのではないかと期待しております。

松本　半井さんはいかがでしょうか。災害時に SNS をどう活用すればよいでしょうか。

半井　電気がストップしてしまったときは、スマートフォンなどから情報が得られるのでとても有効だと思います。地震だけでなく、気象災害では暴風雨で電線が切れてしまい情報が入らないというときもあります。SNS だけでなくインターネット全般でお話ししますと、災害が起こったとき、または災害が発生しそうなとき、気象情報の何を見たらいいか信頼できる情報を知っておくことが大切だと思います。局地的に急に発達するような雨雲の場合です。晴れていたのに急に雨雲が湧いてきて、災害が起こるくらいの雨雲にまで発達するかどうかの判断は、数時間前でもなかなか難しいというのが今の予報技術の限界です。私は雨雲レーダーを日ごろから見るようにしています。空の様子がおかしいなと思った

103

ら、レーダーの雨雲の動きを時間を前後させて動かして見て、列をなして来る雨雲がないか、こちらにやって来ないかとか、発達しているかどうかを確認することも大切だと思います。ちょっとSNSからそれてしまいました。

3. 「しのぐ力」育むメディア報道

松本 ありがとうございました。ここからは、メディアは大地震や異常気象をどう乗り切るかについて的確に報道しているのか、被害を最小限にとどめるための「しのぐ力」を育むメディア報道について話し合いたいと思います。パネリストの方からの意見として、紙媒体の特性からテレビに比べどうしても事後報道になりがちであると。しかし災害報道については、それではいけないのではないかという指摘をいただきました。山村さん、これまでの報道で気付いたことなどありましたら、お話しいただけますでしょうか。

新聞の役割は非常に重要

山村 私はメディアに災害時に出ることが多い。メディアといっても、テレビは情報が流れても一過性になってしまう。結果として確認作業は新聞の方がしやすい。記録として取っておく、保存もしやすいということもあります。そういった意味で新聞の力は大事だと思います。今、松本さんがおっしゃったように、予防対策を事前に呼び掛け、繰り返していくメディアとして新聞の役割は非常に重要なのではないでしょうか。

　朝日新聞長野支局でやっている報道の仕方ですが、「地震新聞」というのを隔週だか何週かに1回出している。載っているのは地元の学者や研究者の情報で、今長野の地震の状態はこうですよとかが書いてあって、私もコラムを書いています。定期的にきちっと、何年も繰り返しやっている。「全部とじて回覧しています」など、読まれた方の反応が返ってくるのを見ると結構、住民に届いている感じがしました。なかなかテレビではできないことですが、新聞はできる。その役割を有効利用してほしいと思います。

松本 ありがとうございます。国崎さんにも同じ質問です。新聞の災害に関する報道で気付いた点、もっとこういう視点があった方がいいのではないかという意見があれば、お聞かせください。

国崎 新聞報道はリアルタイムではないのですが、この後にすべきことを伝えることはできる。これまでの被災地における実態や教訓から、今後どんなことに気を付けた方がいいのか、どういう支援があるのかという生活再建に向けた新しい情報を出すことができる。被害の現状を伝えることも重要ではありますが、個人としては、この後自分の生活がどうなる

厳しい暑さの中、水道の復旧作業をする市の職員＝2018年7月、広島市安芸区矢野東（共同）

のかも気になりますから、生活再建のためにどんなことをしていかなくてはならないのかをタイミングよく発信してほしいと思います。

　災害復興住宅融資などの救済措置さえ知っていればローンを抱えた自宅が損壊しても破産せずに済み、手元にお金を残しながら再建することもできるかもしれない。知らないと、二重ローンなんてとても無理だと家を手放して自己破産してしまう方もいる。中小企業の方もそうでした。知っていることで守れる財産がある。災害情報は1面のほかあちこちに散らばっていることもあります。被災して困っている人の生活再建に向けた情報を取りまとめて、手元に残して保存もらえるような紙面作りをしていただきたいと思います。

　私は被災地で行政職員の支援をしてきました。行政職員も同じ被災者でありながら、不眠不休で頑張っています。彼らはクレームを受けても、褒められることはほとんどありません。行政職員の実態、活動も報道していただきたい。「彼らもこんなに頑張っているのだから、私たちも頑張らなくては」と住民に思ってもらえるような報道をお願いしたい。以上です。

松本 ありがとうございます。半井さんはいかがでしょうか。気象予報士としてテレビなどで気象災害や異常気象について伝える立場でいらっしゃいますが、新聞報道についてはどうお考えでしょう。気付いた点、もっとこうしてはという提案がありましたら、お聞かせください。

半井 新聞は世界や日本、地域で起こっている出来事を、できるだけ速報で伝え、ニュースを発信するという役割があるわけですが、どうしてもネットより情報が遅れてしまう。でも、新聞はキャンペーン展開ができるわけです。私はパソコンで読むと頭に入らないので紙に落として読みます。新聞は毎日出るし、1週間とか1カ月という長い期間、紙面で防災や減災についてのキャンペーン、啓発ができるわけです。災害から何年という節目の時だけ盛り上がることが多いように感じています。節目だけではなく、日ごろからキャンペーンとして啓発していただきたい。

東日本大震災で大きな被害のあった宮城県石巻市に、今年（2019年）の2月に行ってまいりました。役所の防災担当の方が、あれだけの被害があったのに、もう危機意識が薄れてきていると言う。やはり嫌な記憶、悲しい記憶というのは、できるだけ忘れたいと思うのが人の心理です。新聞はそこから目を背けるのではなく、未来を生きる人たちのために災害の記憶を伝え続けることをしていただきたい。それが大切だと思っております。

松本 ありがとうございました。所澤さんにお聞きしたいと思います。山村さん、国崎さん、半井さんから、新聞の災害報道はどうあってほしいか意見をいただきました。山村さんは、一過性になっているのではないか、確認、保存、記録して繰り返し、定期的に伝えていくことが必要なのではないかと。国崎さんからは、災害が起きて、そこから学んだ教訓から新しい情報を出すことができるのではないか、それを繰り返して伝えてほしいとの要望がありました。半井さんからは、節目のみならず、きちっとキャンペーンを続けてほしいと。嫌な記憶は忘れたいという気持ちがあっても、災害の記憶も教訓として新聞は伝えていくべき役割があるのではないか。お三方のご意見について、所澤さんはどう受け止められたでしょうか。

所澤 たくさんの宿題をいただいたような形です。平時からの啓発というキャンペーンは非常に大事だと思っております。熱心に防災に取り組んでいる所を応援する、そういう地域の方々の背中を押してあげることは大切だと思います。取材させていただくことが勉強になる。新聞は頑張っている地域同士をつなぐことができるのではないかと思っています。

愛媛県大洲市三善地区の住民が独自に作ったハザードマップと避難カード（画像の一部を加工しています）（共同）

　行政批判の話も国崎さんからありました。大きな災害になればなるほど行政批判が出てくる。必要な範囲でしなければならない報道もありますが、時には批判のための批判みたいなものもある。あら探しみたいなこともあります。ずいぶん前ですが、ある災害で行政が見事な連携をした。そこをきちんと書いたら、周囲から「行政というのは、たたくものだろう」と言われて面食らったことがあります。今はさすがにそういう空気はなく、いいところはいいと評価する文化が少しは育ってきていると思います。きちんとそういうところも見ていかなければいけない。

　あとは成功事例。地味だけれどもきちんと備えをしていて、西日本豪雨でもちゃんと乗り切った地域があります。山村さんは広島県東広島市の洋国団地を取り上げられた。洋国も素晴らしかったですし、愛媛県大洲市の三善地区とか松山市の高浜地区。きちんと取り組んできていて、だからこそ応用もできる。三善地区は行政が指定した一次の避難場所にとどまらず、自分たちであらかじめ話していた二次の避難場所に逃げて難を乗り切りましたし、高浜地区は住民の方から避難勧告を出すよう市役所に要請しました。普段から備えているからこそ応用ができる。そういう地区をもっと知ってほしい。成功事例から学ぶ普遍的なものは結構ある。そこも取り上げなければいけないと思います。

後世に伝えるという話が半井さんからもございました。体験を後世に伝えていくことは非常に大事です。河田先生から、阪神大震災が来年（20年）１月で25年というお話がございましたが、多分、当時を知らない記者がその取材をすることになると思います。節目だけやればいいというものではないという半井さんのご指摘も踏まえた上で、でも東日本大震災の10年もやらなければいけない。

当時を知らない記者が関係者から話を聞いていくことになります。放送局の方から、若い記者の側に気後れというか、当時を知らないことからためらいがあって、なかなか地元に入りにくい雰囲気があるという話を聞いたことがあります。でも広島、長崎。こうした戦争の報道を私たちはしてきているわけです。当時を経験していないけれど、一生懸命知ろうとする努力をして、その姿勢を見ていただいて信頼を得、記事を書くことをしてきた。確かに当時を知っているに越したことはないのですが、それが本質ではなく、知らない人が知ろうとして次の世代につないでいく「継承の文化」が大切です。先ほど申し上げた研究会では、こうしたところも機能するのではないかと思っております。

松本　ありがとうございました。そろそろ時間も迫ってまいりましたので、最後にまとめたいと思います。先ほど所澤さんにはお話しいただきましたので、山村さん、国崎さん、そして半井さんにそれぞれまとめとして、今回のパネルディスカッションの提言、メッセージを１分程度でいただきたいと思います。山村さんからお願いします。

山村　メディアに期待したいのは、行政をたたくだけではないのは結構ですが、行政が出す情報をそのまま垂れ流さないでほしい。大本営発表ではないのですから。気象庁が出すものは本当にそれでいいのか、おかしくないのか。地震学者が出す予報や研究結果、予測はおかしくないのか。メディアに載ると当たり前のように既成事実になって、数字だけが一人歩きしてしまう。南海トラフ地震でも本当にそんな規模の、インフレじゃないのみたいな被害想定が一部ありました。そういったことも含め、客観的な視点も加え、もう一方では評価するという立場を持ってほしいと思います。

松本　続きまして国崎さん、お願いいたします。

国崎　三つお伝えしたいと思います。国土地理院から13年ぶりに新しい地図の記号が出ました。自然災害伝承碑というものです。災害を教訓として残している石碑の場所が地域のどこにあるかを知ることができる記号ができました。新聞には地元や地域の情報を伝えるページがあると思います。地域に根差した防災情報を伝えていく中で、こういった新記号である自然災害の伝承碑のことも伝えてほしいです。二つ目に、防災の日や災害が起きた後だけではなく、新聞社として毎年防災のテーマを設定し年間計画を立てて継続的に情報発信をしていただきたい。三つ目として、その防災情報を出すときに、1年間この新聞の記事を集めて取りまとめたら1冊の本になります、という見せ方、情報提供の工夫があったらいいですね。つまり、紙面の裏表のページに防災情報があって、切り抜いて重ねたら本になる。永久保存できるような工夫もあったら、読者も集める楽しみと防災知識が増えていくと思います。一過性の流れている情報ではなく、重要な情報をずっと手元に置いて読み返すことで、知識の定着につながると期待しています。以上です。ありがとうございました。

「自然災害伝承碑」の地図記号

松本　最後に半井さんからメッセージ、提言をお願いします。

半井　防災情報を考えたとき、問題点として、情報の種類が多過ぎるということがあると最初に指摘させていただきました。伝わるべきところに適切な情報が伝わることが大切です。「伝える」のではなく、「伝わる」情報というのが重要だと思います。そこに情報の価値があります。ですからメディアが分かりやすく「伝える」ことは重要な課題であるという一方、情報の受け手も、それに対して受け身でいるだけではなく自ら情報を得て、それが何を意味しているのか知っておく

パネルディスカッションを終え、あいさつをするパネリストら

ことも大切だと思います。

　自分に関係があるのかどうかは、情報の内容を知らないとイメージできないし、行動できない。先ほど国崎さんがおっしゃいましたけれど、啓発として防災情報ワンポイントのようなものを週1回やって、それを全て読むと最終的に防災情報の理解が深まる、というような紙面作りもしていただきたい。メディアの力はとても大きい。その影響力の大きいメディアに、しっかり伝えていただくことを期待したいと思っております。どうもありがとうございました。

松本　ありがとうございました。2時間にわたりまして「大地震、異常気象をどう乗り切るか」を話し合ってまいりました。前半はパネリストの方々にプレゼンテーションしていただきました。私たちが、どのように自然災害に対応すべきか。それはやはり、平時から自分の置かれている立場、住んでいる地域がどういう環境なのかしっかり考えておくということ。また、家具のレイアウトしかり、災害から身を守るためのいろいろな工夫も必要だというお話を国崎さんからいただきました。半井さんからは異常気象は今後も増える傾向にあるということで、避難などの情報を読み解くことが大事だというお話を伺いました。情報が出たとしても、その情報が何を伝えているのか分からないと、私たちは適切な行動ができません。山村さんからは、災害現場を歩いてこられて、やはり自助、近助が大事である。近くにいる方の存在が私たちの命を守る人にもなることを気付かせてくださいました。コミュニティーの重要性を私たちはもう一度考え直さなければなりません。そしてメディアのさまざまな課題を所澤さんから発言いただきました。

　河田先生もおっしゃいましたように、災害文化を育んでいく役割は、まさにメディアが担っていると言えるのではないかと思います。減災、防災においてメデ

ィアの担っている責務は非常に大きいと、今回皆さま方と討議させていただいて改めて感じた次第です。

　本日のパネルディスカッションが、皆さま方の防災、そして防災への対応力を高める知識の一助となりましたら幸いです。ご清聴いただきまして、大変ありがとうございました。

編集後記

「災害文化」の育成を

倉沢章夫
公益財団法人 新聞通信調査会 編集長

　近年、激甚な自然災害が相次いでいる。とりわけこの10年ほどはほぼ毎年のように自然災害によって深刻な被害が出ている。気象庁が名称を付けた災害を挙げると、平成21年7月中国・九州北部豪雨、同23年東日本大震災、同23年7月新潟・福島豪雨、同24年7月九州北部豪雨、同26年8月豪雨、同27年9月関東・東北豪雨、同28年熊本地震、同29年7月九州北部豪雨、同30年北海道胆振東部地震、同30年7月豪雨。災害の頻度がそれ以前と比べて格段に増しているのは一目瞭然だ。

　では、われわれはこのような事態にどう対処すればよいのか、という問題意識が今回のシンポジウム「大地震、異常気象をどう乗り切るか—しのぐ力育むメディア報道—」につながった。基調講演していただいた関西大学教授の河田惠昭先生は、科学技術に基づく対策（災害文明）は日々進んでいるのに対し、制度や習慣、知恵など精神的な日常生活に関わる「災害文化」は衰退する一方だと嘆き、「災害文化」をつくっていく必要を説かれた。「災害文化」の一例として、江戸時代の「土手の花見」（36ページ）を挙げられたのは分かりやすかった。また災害に対する予防力と災害が起こった後の回復力のどちらも向上させるという「縮災」を提唱された。大変参考になる基調講演だったと思う。

　その後に行われたパネルディスカッションも非常に興味深い内容だった。

編集後記

防災システム研究所所長の山村武彦氏は、災害後の訓練も必要だがむしろ予防訓練をもっとやるべきだと指摘するとともに、自分で自分を助ける「自助」と近くの住民が近くの人を助ける「近助」がより大事であり、防災隣組をつくるべきだと提唱された。

また危機管理教育研究所代表の国崎信江氏は、時代遅れの防災対策であってはならず、進化する科学的知見を反映した防災対策とするように求め、さらに、家庭の防災力向上には女性の防災意識向上が鍵と指摘された。多くの科学的知見が蓄積され公開されており、住民に周知させるのはメディアの役割であり、しっかりと伝えていかなければならない。

気象予報士の半井小絵氏は、近年毎年のように繰り返される豪雨の気象要因について詳しく説明されたほか、「避難指示（緊急）」と「避難勧告」の分かりにくさなど気象情報がピンとこない名称が多いと指摘、もっと整理する必要があるのではないかと述べた。

共同通信社の気象・災害取材チーム長、所澤新一郎氏は、阪神淡路大震災や北海道・有珠山の噴火などを例に「災害と報道」の観点から報道の在り方について丁寧に説明いただいた。

シンポジウムへの参加者は約150名に上り盛況で、直後に回収した調査アンケートでは、「とても参考になった」「目からウロコ的な話がいっぱい」「内容が極めて豊富」など評価する声が相次いだ。

最後に、コーディネーター・進行役として議論を適切に導いていただいた松本真由美氏に感謝を申し上げたい。またシンポジウムの設営・準備を委嘱した㈱共同通信社の方々にも改めてお礼申し上げます。

公益財団法人 新聞通信調査会 概要

名称	公益財団法人 新聞通信調査会
英文名称	Japan Press Research Institute（略称 JPRI）
設立年月日	1947年12月15日
公益法人移行	2009年12月24日
理事長	西沢 豊
役員等	理事14名（うち常勤2名）、監事2名（非常勤）、評議員22名
所在地	〒100—0011　東京都千代田区内幸町2—2—1（日本プレスセンタービル1階）

2019年9月1日現在

組織図

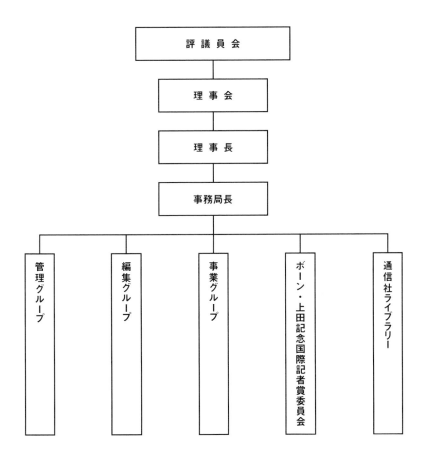

115

事業内容

講演会
原則として月1回開く定例講演会と、規模の大きい特別講演会を年2回、開催。ジャーナリスト、メディア研究者、文化人、現役記者らにホットな社会情勢、国際情勢をわかりやすく語ってもらう。講演概要は『メディア展望』に収録。入場無料。

シンポジウム
メディア界をめぐるさまざまな課題をテーマに毎年1、2回開催。ジャーナリスト、学者らをパネリストに招き討論する。事前に聴講希望者からの質問も募る。基調講演とパネルディスカッションは、それぞれ概要を『メディア展望』に収録するほか、詳細な内容は単行本にまとめている。入場無料。

世論調査
国内の5000人を対象にメディアの信頼度を調べる「メディアに関する国内世論調査」と米英仏中韓タイ6カ国の対日観などを調べる「海外における対日メディア世論調査」を毎年1回実施して公表。多くの新聞、放送、ネットで報じられ、引用されている。

メディア展望
メディアを取り巻く広範な課題についてジャーナリスト、専門家による論考記事を掲載する月刊誌。1963年発刊の『新聞通信調査会報』を2009年に改題した。毎月1日発行。全文を発行日以降、新聞通信調査会のホームページで読める。

写真展
「定点観測者としての通信社」シリーズの報道写真展を毎年開催。これまでに取り上げたテーマは「憲法と生きた戦後〜施行70年」(2016年度)、「南極観測60年」(2017年度)、「平成の軌跡」(2018年度)など。毎回、図録も作成している。

ボーン・上田記念国際記者賞
報道を通じて国際理解に貢献したジャーナリストを表彰する1950年創設の年次賞。当時のUP通信副社長マイルズ・ボーンと同盟通信編集局長や電通社長を務めた上田碩三の名を冠した。

出版補助
出版の機会に恵まれない研究者やジャーナリストによる論文などの刊行を助成する事業で2015年度から開始。年1回、春から夏にかけて公募している。

通信社ライブラリー
戦前の同盟通信社や現在の共同通信社、時事通信社およびメディア関連の資料、書籍を所蔵する専門図書館。蔵書は約約9000冊、資料は約2000点。入場無料。一般に開放している。

デジタルアーカイブ
通信社ライブラリーが所蔵する同盟通信社の配信記事や資料などをインターネットに公開している。当財団のホームページから閲覧できる。

沿革

同盟通信本社が入居していた当時の市政会館

同盟通信社の編集局

1945年	同盟通信社解散。共同通信社と時事通信社が発足
1947年	同盟通信社解散に伴う清算事務完了後、残された資産などを基に財団法人通信社史刊行会として発足
1958年	『通信社史』刊行
1960年	財団法人新聞通信調査会と改称
1963年	『新聞通信調査会報』(現『メディア展望』)の発行開始
1976年	月例の定例講演会を開始
2008年	「メディアに関する全国世論調査」を開始
2009年	公益財団法人に移行
2010年	通信社ライブラリー開館
2012年	「定点観測者としての通信社」シリーズの写真展を開始
2013年	ボーン・上田記念国際記者賞の運営が日本新聞協会より移管
	シンポジウム「日中関係の針路とメディアの役割」を開催。シンポジウムはその後毎年開催
2015年	出版補助事業を開始
2017年	『挑戦する世界の通信社』刊行
2018年	デジタルアーカイブを開設

新聞通信調査会が出版した書籍

※は Amazon で販売中

書名	著者	出版年
通信社史	通信社史刊行会編	1958
障壁を破る　AP組合主義でロイターのヘゲモニーを打破	ケント・クーパー	1967
古野伊之助	古野伊之助伝記編集委員会	1970
国際報道と新聞	R・W・デズモンド	1983
国際報道の危機　上下	ジム・リクスタット共編	1983
アメリカの新聞倫理	ジョン・L・ハルテン	1984
国際報道の裏表	ジョナサン・フェンビー	1988
さらばフリート街	トニー・グレー	1991
放送界この20年　上下	大森幸男	1994
IT時代の報道著作権	中山信弘監修	2004
新聞の未来を展望する	面谷信監修	2006
在日外国特派員	チャールズ・ポメロイ総合編集	2007
岐路に立つ通信社		2009
新聞通信調査会報　CD-ROM（1963〜2007年）		2009
日本発国際ニュースに関する研究	有山輝雄ほか	2009
ブレーキング・ニュース	AP通信社編	2011
関東大震災と東京の復興	新聞通信調査会編	2012
メディア環境の変化と国際報道	藤田博司ほか	2012
大震災・原発とメディアの役割		2013
日本からの情報発信※	有山輝雄ほか	2013
写真でつづる戦後日本史※	新聞通信調査会編	2013
東京の半世紀※	新聞通信調査会編	2014
日中関係の針路とメディアの役割	新聞通信調査会編	2014
ジャーナリズムの規範と倫理※	藤田博司・我孫子和夫	2014
2020東京五輪へ	新聞通信調査会編	2014
ジャーナリズムよ	藤田博司	2014
戦後70年※	新聞通信調査会編	2015

書名	著者	出版年
子どもたちの戦後70年※	新聞通信調査会編	2015
広がる格差とメディアの責務※	新聞通信調査会編	2016
報道写真が伝えた100年※	新聞通信調査会編	2016
コレクティヴ・ジャーナリズム※	章蓉	2017
プライバシー保護とメディアの在り方※	新聞通信調査会編	2017
憲法と生きた戦後※	新聞通信調査会編	2017
挑戦する世界の通信社※	「世界の通信社研究会」編	2017
南極観測60年※	新聞通信調査会編	2018
ポピュリズム政治にどう向き合うか※	新聞通信調査会編	2018
メディアに関する全国世論調査（第1回～第10回）	新聞通信調査会編	2018
復刻版「同盟旬報・同盟時事月報」		2018
松方三郎とその時代※	田邊純	2018
NPOメディアが切り開くジャーナリズム※	立岩陽一郎	2018
人口急減社会で何が起きるのか※	新聞通信調査会編	2018
平成の軌跡※	新聞通信調査会編	2018
米中激突、揺れる国際秩序※	新聞通信調査会編	2018
大地震、異常気象をどう乗り切るか※	新聞通信調査会編	2019

新聞通信調査会シリーズ（小冊子）

通信社の話	通信社史刊行会	1953
新聞組合主義の通信社のありかた	通信社史刊行会	1959
日本の新聞界と外国通信社	福岡誠一	1960
通信衛星の現状と将来	岸本康	1962
日本通信社小史（A short History of the News Agency in Japan）	古野伊之助	1963
世界の通信社	ユネスコ編	1964
アジア通信網の確立	吉田哲次郎	1968
物語・通信社史	岩永信吉	1974
新聞の名誉棄損　上下	日本新聞協会調査資料室編	1974
STORY OF JAPANESE NEWS AGENCIES	岩永信吉	1980

シンポジウム

大地震、異常気象をどう乗り切るか
─しのぐ力育むメディア報道─

発行日　2019年10月7日　初版第1刷発行

発行人　西沢　豊
編集人　倉沢章夫
発行所　公益財団法人 新聞通信調査会

　　　　〒100-0011
　　　　東京都千代田区内幸町2-2-1　日本プレスセンタービル1階
　　　　TEL　03-3593-1081（代表）　FAX　03-3593-1282
　　　　URL　https://www.chosakai.gr.jp/

装丁　　野津明子（böna）
写真　　河野隆行（口絵、本文）、共同通信社（表紙、本文）
編集協力　株式会社共同通信社
印刷・製本　株式会社太平印刷社

・乱丁、落丁本は弊会までお送りください。送料弊会負担でお取り換えいたします。
・本書の無断転載・複写は、著作権法上禁じられています。本書のスキャン、デジタル化など
　の無断転載もこれに準じます。

ISBN978-4-907087-35-7
© 公益財団法人 新聞通信調査会 2019 Printed in Japan